U0906106

〔澳大利亚〕露丝·韦津利——著　严韵——译　Ruth Wajnryb

脏话文化史

L A N G U A G E

M O S T

F O U L

文匯出版社

献 给

Mark Cherry 及 Barbara Lasserre

目 录

致 谢

此书能问世，我要感谢许多人。

打从一开始，Mark Cherry 及 Barbara Lasserre 就是指引我的明灯。顺遂时他们与我一同欢笑，低迷时他们陪我一同度过，用他们的热情感染我。我要感谢他们的慷慨。

我也非常幸运，有 Allen & Unwin 出版社的编辑相助。他们是非常棒的团队——Richard Walsh、Jo Paul 与 Emma Cotter，永远那么专业，也永远那么友善。我要感谢他们对我有信心，自始至终支持我。

为了拼凑起这本有如拼图的书，我借重了许多人的知识。

有时借重的是他们的母语知识，有时借重的是他们对语言、

全书以［1］［2］［3］标示原书注，以 1 2 3 标示译者注。

行为与社会的一般性洞见。我非常感谢他们每一个人，包括：Dimitri Akhmetov，Libi Burman，Anna Dash，Nic Farrow，Louise Haynes，Jeremy Jones，Matthew Kenny，Marcel Khoury，Andrew Klonowski，Sheila Man，Evelyn Mike，Mayumi Nito[1]，George Rizk，Arnel Santos，Sergio Sergi，Andrew Spaille，Sasha Wajnryb，Marguerite Wells，Victor Yee[2]，以及许多名字散见于全书的其他人。

此外也要感谢一些研究脏话的学者与作家，提供了我对此一主题的思考基础，包括：Lars-Gunnar Andersson and Peter Trudgill，Keith Allan and Kate Burridge，Richard Dooling，Geoffrey Hughes，Timothy Jay，Angus Kidman and Ashley Montagu。

露丝·韦津利

于悉尼

1 译者推断为仁藤真由美。

2 Yee 推断为粤语的“尔”此一姓氏。

前 言

一直到晚近，研究语言本质的人大多忽视咒骂这个主题。唔，也许说“忽视”有点过火，就说兴趣缺缺吧。此一领域寥寥可数的严肃研究者之一提摩西·杰（Timothy Jay）12年前写道：“如果语言科学就此完全停摆，我们对脏话的用法、对脏话与较正常语言用法之间的关系，都会所知极微。”[1]这情况至今也没改变多少。

历来有大量文献专事分析语言的各种组成元素，例如过去式的“-ed”变化（inflection），或现在式第三人称单数的“-s”字尾；相形之下，研究者对咒骂缺乏兴趣的程度就更是明显得离谱。尽管我很乐于承认自己身为应用（也就是，并非纯粹）语言学家

[1] Jay，1992：113.

的偏见，也尽管我不愿中伤其他语言学家的专攻领域（咱们这学术圈子很小，大家得和平共处），但在此我要问——就研究主题而言，动词字尾真的跟咒骂有得比吗？如果你没投咒骂一票，那你在这儿就该下车了。**此路不通啦！**

对咒骂缺乏研究兴趣，这一点本身就很耐人寻味。1975 年，澳洲语言学家泰勒（B. A. Taylor）发表了一份澳洲脉络下的辱骂语言的严肃研究，那篇论文开宗明义写道：

> 如果英文是……德拉威州（Delaware）北部的一种日耳曼语系语言，尤其如果它是某个原住民族的语言，那么一定早就有勤奋努力的人类学家对此一语言中的禁忌语言次系统（subsystem）加以辨识并描述[1]。

泰勒和我一样喜欢借用人类学比喻，我也常提起某个“从火星来的客座人类学家”[1]。泰勒接着又说，由于英文是全世界大部分语言学家讲的语言，咒骂借之建立的禁忌次系统大多遭到忽略，或者就算有人加以分析，也只是为了好玩，而非严肃研究。

近 30 年后，情况改善了——一点点。然而专论此一主题的书籍仍然不需十根手指就能数完。一种解释可能如尔文·高夫曼

[1] Taylor，1975：17.

1 意思是说，借由“火星人类学家”这样虚拟的观察角度，以局外人的视角讨论平常我们可能司空见惯、不假思索的事物。

(Erving Goffman）所提到的，咒骂是“最约定俗成、最照章应卯的行为……传统上，研究现代社会的人视之为社会活动的落尘，空洞而无足轻重——只是套用公式”[1]。

其他人也曾论及学术界对此一语言领域的闪避。基曼（Angus Kidman）认为“咒骂是直觉的、明显的、不需进一步研究的”[2]这种观念十分荒唐，并批评许多研究仅将咒骂视为字词的一种语言学范畴，看不出它其实是受文化驱动的言辞行动（speech act）。他宣称，光是不同英语地区使用的不同标签（英国与澳洲称之为“咒骂”［swearing］，美国称之为诅咒［cursing］），应该就已显示出这并非只是一种没有差异、没有变化的字词范畴。

身为研究者，杜林（Richard Dooling）埋怨相关文献的难寻：

> 国会图书馆分类系统无法一举列出……咒骂或脏话的相关书籍。研究者……必须从精神分析的 BF 找起，接着是俚语的 PE，人类学的 GT，文学与文学理论的 P，艺术的 N，精神医学的 RC，然后再回到宗教与哲学的 B[3]。

杜林认为，在图书馆书架之间如此毫无章法地来回穿梭，正证明了诸如**屎**这类的字词“跟几乎所有东西都关系密切，难分

[1] Goffman，1981：90.

[2] 关于基曼对咒骂之为直觉的、明显的此一观念的批评，见他的荣誉学位论文（1993）。

[3] Dooling，1996：130.

难解”[1]。

学术界依然看轻这个研究领域的价值，这点本身就颇具意义。有人说，今日在世的语言学家大部分以英文为母语，因此对自己的语言存在许多盲点。我不同意这种看法。若真是如此，我们又该如何解释，语言学家何以对英文动词系统加缀各式零碎字母的语形学（morphology）这么感兴趣？我猜想，关于咒骂语言的禁忌已为这主题加诸莫大污名，使学界中人连沾都不愿沾上边，以免弄脏自己的手。他们或许认为，对此一领域感兴趣可能招来别人扬起眉毛、不以为然的反应。在实际层面上，他们可能也不认为专攻这领域会赢得其他研究者的尊重，而对大部分学界中人而言，这点是**必要条件**。

[1] Dooling，同前。

出口成脏

我他妈是怎么想出这定理的？

——毕达哥拉斯

一代又一代的孩童都曾念诵：“棍棒石头能打断你骨头/但骂人的话可没法让你痛。”然而，尽管遭欺负的小孩（或可称为**受欺者**［bullee］[1]）用这句顺口溜当自保策略，却没人真的这么相信。骂人的话确实会让人痛。我们确实会担心别人怎么想、怎么说我们。咱们面对现实吧，就连辞典编纂者这类认真勤恳的人都不肯把咒骂词收入辞典，生怕触怒识字大众，进而影响出版社的商业利益，这种情况直到很晚近才有所改变。《牛津英文辞典》

1　此处是仿英文中 addressee（收信者）等字的组成，将动词 bully 与表示受者的“-ee”联结而造的字。

（*Oxford English Dictionary*）虽然明文宣称要“记录英语中每一个字词”，却直到20世纪70年代初期才开始收录所谓的四字词[1]。兰登书屋（Random House）的辞典编辑也为这个问题伤了几十年脑筋，迟至1987年才收录四字词[1]。

关于报纸内文可以用什么字、不可以用什么字，决策者也有同样的困扰。在这类事情上，美国人（或许是清教徒影响的最后余绪?）比英国人更耿耿于怀。《纽约时报》（*The New York Times*）的专栏作家威廉·萨法（William Safire）曾经写出隐晦得荒唐的句子，只为表示某个与排泄功能相关的名词就快打到风扇上了[2]。这项禁忌的影响力也及于非常奇特的情境，例如1989年爱荷华州发生一场空难，驾驶舱通话记录的誊本写道：“我们得丢掉这个（删去二字）养的了……[3]”[2]就连面对大难临头、死亡将至的时刻——我们或许可以主张，在这种情况下咒骂完全是合情合理的——这种束手束脚的畏缩态度仍然不改。

严肃的文字人士一直如此犹豫不前，这点或许向有心的研究者传达了一项信息。部分问题出在：要讨论**屎**（shit）、**干**（fuck）、**屄**（cunt）等字词而不用到这些字词本身，实在很难。虽说已经有人这么做过。1948年，一个名叫伯格斯·强森（Burges

1 four-lettered word，即以四个字母组成的脏话，如shit、fuck、cunt等。

[1] 见Bryson（1990）对辞典编纂史引人入胜的介绍。

2 shit is about to hit the fan（屎快打到风扇上了）是英文俗语，指事情快要大条了、情况快要弄得很难看了。

3 此处“狗娘养的”应是指飞机，即机师说情况糟到必须弃机。

[2] Bryson，1990：219.

Johnson）的人[1]在绝口不提任何四字词的情况下，成功写出一本讨论咒骂的书，书名颇为浪漫：《不敬语的失落艺术》（*The Lost Art of Profanity*）。杰西·薛洛尔（Jesse Sheidlower）也写出有名的《那个 F 开头的字》（*The F-Word*），但这种事做起来绝对不容易。

为写作此书进行访谈时，我也碰上若干困难。有一次，我跟澳洲广播公司（Australian Broadcasting Corporation，简称 ABC）记者谈到该公司对于广播及电视节目里使用屄一字的政策。我们开口闭口都是这个字，令那位记者极度不自在，最后她忍不住请我允许她改说"那个 C 开头的字"。之后访谈便进行得一帆风顺，但那僵局解决之前也耗掉不少时间。相较之下，研究动词过去式字尾就不会触怒任何人，因此似乎是个麻烦少得多的主题。

然而，奇怪的是，语言学家竟一直让自己受到这项禁忌的影响，导致相关的探讨研究少之又少。毕竟，人体的某些下方部位也是不登大雅或儿童不宜的；但我们还是有泌尿专家、直肠专家、妇科专家，他们都不怕把这些某某专家的称谓跟自己姓名并列在大门门牌上。我们不会只因为蜗牛长得丑，就禁止生物教科书提到它们；社会学家也照样研究犯罪心理，不管犯罪内容多么变态。如果这些专家可以研究他们自己选择的领域，并不因此表示赋予那些对象价值，也不必受限于其他人的审美判断，那语言学家为

[1] Bryson，1990：219.

什么不可以？

当然，说到对本书主题缺乏兴趣，我指的是学术界缺乏研究兴趣。在学院的象牙塔之外，大家对它可有兴趣得很；事实上，似乎每个人对这主题都自有一套观点。我发现几乎每个人都有个“关于咒骂的故事”急于分享。大部分观点都很极端，而且通常抱持负面的批判态度。

此外，跟许多外行人或说门外汉（folk）观念一样，人们对咒骂抱持的看法充满了迷思。

一大迷思是，咒骂具有毁灭性。举例来说，北美有个叫作“诅咒控制学院”（Cuss Control Academy）[1]的机构（不骗你），由非教徒组成，致力于提高大众的警觉，让大众意识到咒骂的负面效应。这些人认为咒骂一无是处：咒骂让你显得粗鄙，咒骂是一种社会恶习，咒骂会腐蚀语言。该学院举办工作坊，教人如何减少使用不敬语、粗话、猥亵字眼以及失礼冒犯的俚语。只消付一笔合理费用，你就可以学习“驯服口舌的十大秘诀”，有机会在宜人的环境中加以练习，在那里你能得到为人理解的安全感，心知自己既是在改善自我，也是在改善社会风气。

诅咒控制学院的院长詹姆斯·V. 欧康诺（James V. O’Connor）非常担忧父母咒骂对小孩造成不良影响，因此写了《控制诅咒：遏止诅咒的完全指南》（*Cuss Control: The Complete*

---

[1] 进一步资料可见 http://www.cusscontrol.com

Book on How to Curb Your Cussing)[1]一书，专门协助为人父母者维护词汇清洁。他认为我们咒骂是因为懒惰，因为咒骂很容易，因为我们误以为它无伤大雅。我们的孩子在诅咒文化中长大，到处都听到它——家里、街上、电视、电影——因此若他们不了解咒骂何以是“错”的，或许情有可原。对他们来说，“别诅咒”可能只不过是又一条等着他们去违反的规定。欧康诺接着宣称，小孩一开始学咒骂可能是因为叛逆，就像学抽烟，但日后也可能变成根深蒂固的习惯[2]。

对咒骂公开表示不满的——且通常出于无知的观点——不只是一般公民组成的团体。2003 年 12 月，加州议员道格·欧瑟（Doug Ose）对摇滚明星波诺（Bono）在现场直播的电视节目中说粗话（我想那句闯祸的话是“干他妈的精彩”）大感气愤。该句粗话出现的场合是金球奖一年一度的颁奖典礼，而事后波诺没有受到任何负面影响，也使很多人十分气愤。美国联邦传播委员会（Federal Communications Commission，简称 FCC）判定波诺把**干他妈的**（fucking）用作形容词，因此他免于被官方打手心。

这时道格·欧瑟提出一项法案，禁止某些字词出现在广电节目中。该法案名为“广电清洁法”（The Clean Airwaves Act），禁

---

[1] 由 Three Rivers Press 出版（2000）。

[2] 欧康诺的完整论点可见 Sharon Bloyd Peshkin 对他的访问，标题为“Swearing off foul language”，贴于 http://www.chicagoparent.com/CPpages/archives/Interview%20Archive/Int0500.htm

掉了八个咒骂词（关于此事件的所有报道中，我找不到任何一篇完整列出哪八个词，这一点或许别具意义）。欧瑟主张，这些不敬语无论用作动词、形容词、动名词、分词或不定词，都应该视为非法。

此事件吸引了全世界媒体的高度瞩目，不过好像只有我有兴趣注意到：波诺那句粗口其实是副词，FCC 却误把它判定为形容词。然而一名澳洲记者倒是提及，不知 FCC 的裁决是否会让学生更有动机学习文法，“至少知道可以怎样逃过责罚”[1]。

就我对文法——以及对学生看待文法的态度——的了解，我丝毫不怀疑，**干他妈的**之为形容词所获得的文法转圜空间，一点都不会影响人们说或不说什么。套用蒙特古（Ashley Montagu）的话，最基础的事实是：“不曾有任何民族只因国家……明令禁止，便放弃咒骂的习惯。”墨索里尼曾推动消灭咒骂的运动，用海报和大众交通工具上的告示劝导意大利人 Non bestenniare per l’onore d’Italia（“为了意大利的荣誉，请勿咒骂”）[2]，但毫无效果。

这项禁忌的影响也及于个人家庭层面。网络上有个星象学家，取了个很合适的名字叫“月娘”（Luna），用电子邮件发送星座运势指南，包括回复寄到“月娘信箱”的读者提问。我看到这一封，署名是“哪儿都不能带她去”：

---

[1]《悉尼晨报》（*Sydney Morning Herald*），2000 年 12 月 22 日，页 16。

[2] Montagu，2001：24－5.

月娘你好：

我是牡羊座，我太太是天秤座，她的嘴巴脏得跟卡车司机一样。以前我也有这坏习惯，但自从有了小孩之后便痛改前非。她还是咒骂个没完。不管我们到哪里，她开口闭口都是“干他妈的这个”“干他妈的那个”……她完全无视于别人扬眉侧目、惊讶转头的气愤神色……我真的很爱她，但她的行为实在很让人难堪。我该怎么办?

月娘回答的内容八成都是“哪儿都不能带她去”已经知道的事：他太太的咒骂是需要他多关心的表现，建议采取情绪管理策略，同时也需要谨慎和投入——简言之，若要咒骂的人改变，得咒骂的人自己想改变才行。另一个提供建议的专栏则警告读者“约会时不要咒骂，因为你求职面试的时候也不会咒骂，而技术上来说这两者是同一回事。”[1]

澳洲的广播互动节目、报纸及电视晨间节目对咒骂始终很感兴趣，即使只是因为本来气氛和谐的讨论常因有人咒骂而吵成一团。1999年，当时的维多利亚省长杰夫·肯尼特（Jeff Kennett）上澳洲广播节目时说出**鸡巴**[1]一词，名闻一时。同一年，ABC的《四面八方》（*Four Corners*）三度容许“干”字出现在节目中。

2003年，《麦克瑞辞典》（*Macquarie Dictionary*）的苏·芭特

---

[1] 见 http://www.spikedonline.com/articles/00000006D9A6.html。

1 原文为 prick，可指阴茎，亦可指惹人厌、自以为是的人。

勒（Sue Butler）接受第七频道《晨间秀》（*Morning Show*）的访问。节目中讨论到，在公开场合骂别人“呆头”（boofhead）是否可以接受。芭特勒解释，尽管“呆头”一词亲切多于恶意，但使人不悦的其实是骂人这个行为本身，不管你骂的是“呆头”或冒犯度更高的**干他的蠢材**（fuckwit）。芭特勒说出**干他的蠢材**之后便被打断，访问结束，之后该频道还发表致歉声明。我不知道这事件是否对该节目的收视率造成影响。

人们对咒骂这个话题有很极端的意见。英国《每日镜报》（*Daily Mirror*）的梅兰妮·菲力普斯（Melanie Phillips）痛恨咒骂，将其谴责为“社会之病”：

> 我们生活……的这个时代，以破除禁忌为主要特点，包括对布尔乔亚行为标准的攻击，对规规矩矩的郊区生活方式的攻击。但在禁忌破除的同时，又有新的禁忌……出现……因此震惊的界限被愈来愈往外推……哥儿们作风是最新流行[1]。

在菲力普斯看来，不敬语“代表缺乏自制力”，而人们对之愈来愈司空见惯，显示公共道德败坏，大家不再为别人着想。一如据称江河日下的识字水平，咒骂也逐渐变成放诸四海皆准的代罪

---

[1] Phillips (2002).

羔羊——它是新千禧年大部分罪恶的症状兼起因兼结果，而过去几千年的那些问题无疑跟它也脱不了关系。

另一方面，与菲力普斯的极端立场成对比的，是一般人对咒骂抱持的宽容态度。研究现代咒骂的一名新闻系所学生对我提出，这种新的宽容态度可能是“后现代主义的下渗（trickle-down）效果，摧毁高蹈文化与下里巴人文化之间的壁垒，把传统上只有没受教育的人才会说的字词推进主流媒体、政治与娱乐圈”[1]。她也提出，澳洲社会大众对咒骂词的态度软化，是因为大家普遍比较放轻松了。人们逐渐明白，咒骂并不代表文明的末日，每个人偶尔都会这么做，电脑不合作时我们都会口不择言，在酒馆听到黄色笑话也都会笑。简言之，这些字词并不邪恶，宇宙也不会因此轰然垮坍。

谈论咒骂可以产生大量笑点，喜剧演员都很熟知这一点，也善加利用。一定有某本给想成为脱口秀谐星的人的基本指南：若有疑虑或需要快速逗笑，就一头栽进马桶幽默或掏出老二笑话或丢出几个干。人们会被逗笑，几乎像是反射动作。这是公然违反禁忌的效果。谐星获准可以这么说，我们获准可以发笑，这是一种仪式，笑完之后，每个人回家心情都好了些。谐星茱蒂丝·露西（Judith Lucy）谈到她在澳洲片《顶尖好手》（*Crackerjack*）中的角色时说：“我台词的第一句是‘他□的，滚开’，最后一句是

[1] Natalie Kent 与笔者的私人通信，2004 年 3 月。

‘你他□完蛋了’。所以我还蛮有内心戏可以发挥的。”[1]

这种态度或许可以解释若干网站的存在，比如 http：// listen. to / swearing 的“破口大骂”（Swear Away）和 http：// www. rathergood. com / swearotron. html 的“自动开骂”（Swearotron）。只消把鼠标移到一张表情愤怒的脸上，那张脸就会骂出一个词。有时骂的是标准咒骂词，有时加上浓重的外国口音，有时只是普通的正常字词如“这”，但语气凶悍得像**干**或**屎**。有些人还真是吃饱了撑的。

另外有些人严肃看待咒骂的权利。比方美国公民奇普·洛（Chip Rowe，http：// www. chiprowe. com / articles / swear. html）发起了“凸显不良词语会社”（Society to Highlight Ingrate Terms，简称 SHIT）。他将此一会社比拟为全国来福枪协会，后者秉持的信念是“受过教育的枪械持有人才是好的枪械持有人”。同样的，洛提醒 SHIT 会员，咒骂词非常有助于抒解压力，“但使用时必须尊重其力量”。因此，SHIT 抱着不亚于诅咒控制学院的热诚，要教育人们正确使用咒骂词。以下是课表的一例：

> **屎**一词适合各种诅咒情境，可以用在考试不及格的时候，或者眼看自己支持的队伍从遥遥领先变成输球、害你输掉 20 块的时候。然而，如果你输的钱超过 20 块，那就该用**干**了。

[1]《悉尼晨报》，2002 年 8 月 24－25 日，页 26。

惹上国税局，可能是**屎**也可能是**干**，取决于谁帮你报税；如果惹上FBI（联邦调查局）或ATF（烟酒枪械管制局），那就一定是**干**。至于其他诅咒词，**屁眼**（asshole）[1]很适合形容老板或白痴同事或姻亲，但**干你娘**（motherfucker）则应留到更严重的情境才用，比方你明明给了钱、抢匪……还是开枪打你，或者你后退要拍全家福照片时发现自己一脚滑落大峡谷。我听过有人把**干你娘**用在鸡毛蒜皮的小问题上，比如篮球赛中的犯规。不对，不对，不对！**干你**（fuck you）就够了，或者也许可用“搞什么鬼?”[2]**干你娘**则是更为严重的指控。

SHIT欢迎免费入会，但会员应当保持相当水准。必须鼓励小孩正确使用诅咒词，不然就根本别用（如果一跤摔个狗啃泥的学步儿想骂句**屎**，他会说的，给他点时间）。我们不对警察咒骂，因为他们有枪。尽管各种语言都有咒骂词，但SHIT使用的是英语标准。然而，会员也可以说“原谅我说法文”[3]。若你缺乏控制力，无法只在恰当情况下使用诅咒词，你可以中止会员资格，只消在两名证人面前大声说一句：**干他的屎**。别忘了烧掉你的会员证。

---

1 一般用以指混账东西、讨厌的家伙之意。

2 原文为What the hell?，而hell为“地狱”之意，也是后文将谈到的咒骂语之一。

3 原文为Pardon my French，这是常见的说法，用于讲粗话之后向别人表示歉意。

媒体的频频报道，显示不当使用“坏语言”一直是大众关心的问题。但大部分人感兴趣之处在于它哗众取宠的潜力。就像事先安排好的拍照机会，一阵咒骂可以成为节目的精彩时刻，抓住观众的注意。但这种兴趣不会增长我们对咒骂语言的知识，而一如我努力想要指出的，咒骂语言本身就是一种有意义且值得研究的课题。此书便是秉持这种精神写成的。

头头是脏

我想干他妈的不会下雨吧，你说呢？

——圣女贞德

在我们进一步深入语言学的险恶之地前，先来确认一下我们用的是同一套词汇。了解及讨论脏话时，有两个可能造成混淆之处：一是关于一般**构成**咒骂的字词，另一是关于用来**指称**咒骂的字词。

第一种混淆来自咒骂词本身的形式——功能关系。可用咒骂词来执行的功能，多过可供使用的咒骂词；换言之，标靶很多，但弹药稀少。这表示咒骂者必须一而再、再而三地把老套的相同字词运用于不同情况及不同目的，从咒骂词银行提领出可能词义类似（就辞典定义而言）但实际意义不同（就使用脉络而言）的字词。“真该死！”（Damn it！）和“你该死！”（Damn you！）都用上了该死（damn）这个咒骂词，但我相信你一定会同意这两者的脉络文意不同。

第二种可能的混淆在于咒骂的**后设语言**（meta-language）。我们语言学家用这个词表示描述语言的语言——在这里，指的就是传统上用来谈论咒骂的语言。颇奇怪但也许颇合适的是，咒骂的后设语言使用的字词也很有限。

就拿“咒骂”（swear）一词来说吧，它本身便有两种大不相同的意思。你在法庭上宣誓字字属实，这叫 swear（发誓）；但你在家骂小孩老是把门厅地毯踩出一堆脏脚印，这种大不相同的举动也叫 swear（咒骂）。我们说“咒骂”“诅咒”和“使用坏语言”，意思都不相同，尽管令人困惑的是，我们实际使用的字词是同样或类似的。我们通常把“脏”（foul）话跟“无礼”（rude）、“粗鄙”（vulgar）、“猥亵”（obscene）混为一谈，这些字词本身又细分出个别的次意义——比方“无礼”，可以指没有表现出应有的尊重，也可以指在某个特定脉络下使用不合适的字词（如妇科医师把“阴道”说成“小妹妹”）。有时候，用来谈论咒骂的字词其实是可以互通互换的，但有时又不然。然而，这些字词的使用标准几乎总是很宽松。

为了严肃探讨脏话，我们需要一套准确一致的后设语言。因此我列出了以下字词，权充词汇对照表。

恶言咒骂（abusive swearing）

用来骂人（“你这个干他的蠢材”）；语意贬损（“这工作做得太狗屎了”）；使用比喻性诅咒（“下地狱去吧！”）；或以难听的话称呼别人（“你这王八蛋”）。

渎神（blasphemy）

这种咒骂刻意污蔑宗教或任何有宗教意义的事物。此时重点在于咒骂者的意图。“耶稣啊”（Jeez）[1]一词相当普遍，事实上如今已是约定俗成，不会被视为渎神，除非说者特别存心触怒基督徒。

诅咒（curse/cursing）

口出诅咒的人通常乞灵于更高的存在，将某种恶事加诸特定对象。“愿你下地狱，永世不得翻身”是诅咒。诅咒与咒骂有许多不同：诅咒求助于某种更高的存在；它比较仪式化，是蓄意说出；它指向未来，知道诅咒的效果可能日后才出现；而且可能并不使用脏话。传统上，教会和社会都不赞许诅咒别人这种事，甚至时至今日，“吃屎！去死吧！”这种诅咒仍被视为非常有威胁性的行为。值得注意的是，过去诅咒者通常清楚说出某个神祇或超自然存在，但在宗教意味较淡的今日，不信教的人也可能气急败坏大

1　此字是 Jesus 的变体，通常翻作“天哪”即可，此处译为较不顺口的“耶稣啊”，以保留整段关于宗教的指涉。

喊“我希望你死掉!”而不特别祈求神鬼的干预。

在宽松的用法下，诅咒跟咒骂（使用脏话）是可以互通互换的，但在其特定意义下，诅咒是咒骂这个大分类底下的一种。在过去宗教意味浓厚的年代，诅咒是严肃的，说的人指的就是那个意思；在如今这宗教意味较淡的年代，诅咒则比较是脱口而出、比喻性质（“烂在地狱里吧!”）的，因而与传统的恶意咒骂有所重叠。

咒骂（cuss/cussing）

美式英语用词，泛指使用脏话咒骂。

恶俗词（dysphemism）

用冒犯或诋毁性的字词取代普通词。大部分刻意的恶意咒骂都是恶俗词。

骂词（epithet）

辱骂或恶意的词句，通常与情绪字眼交互使用。

委婉的咒骂（euphemistic swearing）

用不至于冒犯人的词，或被视为可接受的词（“哎呀我的乖乖”），取代被视为粗鲁或触犯禁忌的词（“我的上帝啊!”）。

情绪字眼（expletive）

惊叹的咒骂词句，在情绪激动的情况下说出，显示说者借此抒解压力。表面的字义是次要的（“什么跟什么啊!”“他奶奶的!”“干他妈的真要命!”“杀了我吧!”），重点在于发泄情绪。这种用途的字词通常是固定不变的——例如“杀了我吧”从来不会变成“杀了你吧”。情绪字眼常常使用，并未特别针对某人；在这层意义上，这些字眼是反身的（reflexive），也就是回指说者自身。

脏话（foul language，参见咒骂）

以后设语言来看，使用脏话大致等同于咒骂。咒骂词是脏话的例子。“脏”一字表明，许多时候咒骂涉及个人层面可以接受、但社交语言不可接受的话题和领域——也就是生理功能和生理产物（或排溢物［effluvia］）。在社交场合使用脏话常等同恶意或攻击，但不见得总是如此。使用脏话也可以不骂到任何人（“狗屎，我忘了把报告带来”），或者表示你感觉放松自在（“干！离开办公室放松一下真好”）。脏话有多种功能，却都使用有限的相同字词，使得适恰使用脏话变得更复杂。

侮辱（insult）

宽泛说来，在恶意的脉络下，朝某人咒骂就是意图侮辱对方。以比较精确的定义而言，“侮辱”专指实际传达字面意义的恶意词语（“你这个又丑又肥、满脸痘花的白痴”），而不像大部分咒骂词传达的是比喻性的意思（“你他妈完蛋了！”）。实际运用上，咒骂词跟侮辱可以并行不悖（“干，你这个满脑袋大便的丑八怪”），加强恶意火力，通常效果颇佳。

贬语（invective）

较为精致的侮辱，用于正式场合脉络：一个重要的例子是国会，在那里这可能被视为一种具体而微的艺术形式。贬语的含蓄程度不一，运用尖锐反讽、机智妙语、双关语、文字游戏，或以上皆是。它的特质偏向侮辱而非咒骂，因为其意图在于避免情绪字眼或脏话这些传统咒骂词，说者通常无需使用禁忌字眼或违反社交礼仪，便能侮辱对方（比方字首音互换的方式如“you shining wit”[1]）。

誓词（oath）

“誓词”一词有两种意思，类同“咒骂”的两种广义脉络。一种是你以圣经或天神或不管什么你想用的事物，正式做出誓言承诺。在此意义下，誓词是你发誓时所念诵的文字内容本身。如今誓词已不再是出现在日常生活的普遍事物。第二种意义近似宽松的、比喻性的诅咒，比方：“榔头敲中他手指，他嘀咕了一句

1 字首音互换，原文为spoonerism，源自英国牛津新学院院长W. A. Spooner（1844－1930）；此处You shining wit（你这闪亮的机智妙人）一语应为You whining shit（你这爱抱怨的狗屎），就是利用字首音互换的方式暗着骂人。

誓词。”

猥亵字眼（obscenity）

公然使用不雅或禁忌字眼、谈及人体私密部位及生理功能与产物的咒骂方式。

不敬语（profanity）

滥用涉及任何神圣事物之字词的咒骂方式。不敬语比渎神意思广泛，不同之处在于前者可能无意加以污蔑，可能只是以非宗教、不虔诚的态度使用宗教词语如“上帝”或“耶稣啊”！有时会跟猥亵字眼混淆（见 http://www.funbunch.co.uk/breaking/viz.htm 的“不敬语辞典”，该处所列的“不敬语”其实是粗话或猥亵字眼）。

咒骂（swear）

“swear”此一动词有两种完全不同的意思。一种是寻常语言里的一个普通字词，另一种是后设语言的词语，用来描述一种语言。第一种意思是“发誓”，指正式立下承诺或誓言，比方发誓作证字字属实、句句属实、无一不实。在这种情况下，“swear”后面通常接动词——**说**实话、**尽**全力、**荣耀**我的学校、**奋战**保卫国家，等等。“swear”的这个意思也可以与介词“以”或“对”连用——“我**以**我母亲的坟墓发誓”或“我**对**圣经发誓”。

“swear”的第二种意思完全不同。在这里，它不是我们说“我发誓……”时实际使用的词，而是一个后设语言的词，描述为了特定目的使用脏话。这种 swear 后面通常接“朝”或“着”——“他朝他太太破口咒骂”“他咒骂着抵押贷款”——特点在于涉及禁忌或污名化的题材，且有非字面的强烈意义，通常与强烈的态度或情绪有关。

禁忌字眼（taboo words）

被特定文化规定为“不可说”的字词。这些字词可能对宗教不敬，或者公开谈论私密行为，也可能包括遭到污名化的主题如精神疾病、天生缺陷或曾经坐牢。死亡、收入或个人宗教信仰之类的话题，也自有其禁忌。如今有整套委婉语词汇存在，就是为了让人可以公开讨论这些话题。

粗话（vulgarity）

一种使用脏话的咒骂，打破与私密语言相关的禁忌。范围比“猥亵字眼”广，但常被宽松地交互使用。粗话通常夸大，或者刻意使用恶俗词——“我得去大便”或者“哇噻，你看那对奶子”。

“干”啥

这幅干他妈的画明明就很像她！

——毕加索

每当遇上新辞典，我都用**干**这个字当基本测试。我首先直接翻到F字部，找出**干**，看看辞典怎么说。如果书上的定义不令人满意，不符合我对这个字在现实生活中各种行动脉络里实际用法的了解，我就会放下那本辞典，另寻其他[1]。

毕竟，我知道**干**是什么意思。除非是隐居封闭、与世隔绝的人，才可能不知道。因此，如果一本辞典无法在这个字的定义上

1 一如本章所论，英文的fuck一字用途极为广泛；若翻成中文，不同文法类别的fuck（及其种种衍生变化，如fucking）可能必须有不同的译法。本书中将视情况斟酌译为“干”“他妈的”或“干他妈的”等，以加强语气。

让我满意，我认为这表示它对其他字词的解释也不值得信赖。

太夸张？太严苛的以偏概全？也许，但作为一个立即简便的基本测试，我可以向你保证这招有用。如果你建议我再多翻阅一下该辞典，进行更公平的采样，然后做出理由充分、有统计数据为证的决定，那么我会回答：人生苦短，别浪费时间。如果当时我情绪不佳，或者脾气烦躁，我甚至可能会用上那个字——以便传达我的意思。

对**干**的公开讨论，就像放在一旁炉子上小火慢炖，不时会沸腾起来表示激愤，但现在不像以前那么严重。若说**干**有什么值得注意的地方，那就是它的无所不在。有些人认为它的流行是由于道德败坏，把它跟少女未婚怀孕、毒品泛滥、识字水平每况愈下、同性恋婚姻等等归为同一类。另有些人则认为，这个字已经远离它原来指称的动作，使其力度大大减退。

事实上，**干**似乎不但已经失去了原先的字义，而且，作为一个强化语（intensifier），它也不再有强化语气的效果。换言之，如今要好几个**干**才能达到一个**干**在十年前能达到的效果。但这些论点我们稍后再谈。

回头讲我的基本测试。事情起源于我青少年时代，一时淘气之下，我翻字典查这个字，结果找到的解释是“性交行动”（an act of sexual congress）[1]。“congress”一字让我大惑不解。当时我在念 19 世纪欧洲历史，事实上正读到维也纳国会。我纳闷国会与

1 congress 一字最普遍的字义是“国会”，但亦有“性交”之义。

国会之间能发生什么关系——他们签署完文件、一天工作结束之后，是不是就做这档事？先前我翻开字典时，是睁大眼睛、满怀信任、需要启发的；结果查过字典之后，我眼睛瞪得更大、更需要启发了。在那智识未开、有待开示的年纪，这是多么悲哀的一刻啊。

然而，事情还是有希望的。那番徒劳无功的查询，留下的结果就是这项奇特的基本测试，而《牛津辞典》完全不及格。它收录的词条最早源于1503年，并提及此词无法证实与中古英文"fuken"一字有关联。书上告诉我们这字指的是"交媾"，做及物动词用，要加上"with"。书上也告诉我们，直到晚近，它一直是禁忌字眼，用于口语而非书面，意思等于**该死**，但更为粗俗不文。但我要说，一旦碰上《蓝丝绒》（*Blue Velvet*）中丹尼斯·哈柏（Dennis Hopper）的角色所说的"干他妈的你这干家伙，干你"（You fucking fuck，fuck you），或者冯内果（Kurt Vonnegut）《第五号屠宰场》（*Slaughterhouse Five*）里保罗·拉萨罗（Paul Lazzaro）那句有名的劝告："就去摘那干他妈的它的月亮啊！"（Go take a flying fuck at the moon），《牛津辞典》几乎毫无用处。

《柯林斯辞典》（*Collins*）就相当不错，列出各种用法，加注其为禁忌、俚语或冒犯语，还提供许多衍生用法，包括give a fuck、fuck off、fuck about、fucker、fucking、fuckwit等[1]。这才像

1 此处所列出的片语很难直接翻出原文的咒骂语气，须视上下文加以修饰才能传达。大致说来，这六个词的基本意思分别为"在乎"（通常用于否定句）"滚开""乱搞、闲混""可鄙、可怜或讨厌的人""他妈的"（放在名词前的强化语），以及"蠢材"。

样，承认现实世界的景况。《柯林斯辞典》还附加了个灰色小方块，标题为“语言附注”：

> 许多人在日常对话中使用且过度使用“干”字，某种程度上减低了它之为情绪字眼的冲击力。然而此字仍有使人震惊的力道，尽管不如1965年评论家肯尼司·泰南（Kenneth Tynan）在英国电视节目中说出此字时那么引人争议[1]。

之后我们会再讲到泰南先生，因为那是个精彩的故事。

《布伦斯贝里当代俚语辞典》（*Bloomsbury Dictionary of Contemporary Slang*）导论所阐释的该书走向，引起了我的兴趣。在那篇导论中，东尼·索恩（Tony Thorne）说，编纂辞典需要解读字词的社会脉络：说这个字词的通常是什么人，在什么情况下，抱持什么意图。他感兴趣的是字词如何在语言中发挥作用，有哪些言外之意、微妙之处、相关联想以及“听者略有所觉的……对声调或意义的影响”[2]。这话在我听来如闻天籁，我满怀期待翻开F字部，找到超过四页干的各种变体，特别与众不同的一条是“fuck-a-duck”（惊叹词），定义为“用于表示惊讶或不信，可说完全没有意义”。这下子我有点失望了。我想，索恩说“没有意义”，指的是这个词并非如字面所示是“干一只鸭”的意思；然而在实

[1] Collins，2003：655.

[2] 见东尼·索恩为《布伦斯贝里当代俚语辞典》所写的《导论》，1991：iv。

际运用上，“fuck-a-duck”可有很多非字面的意思，表示惊讶或不信。

《麦克瑞学习辞典》（*Macquarie Learner's Dictionary*）提供了一场文法盛宴：

> “这下你他妈可把事情搞砸了！”（Oh you've gone and fucked it now!）（限定动词）
>
> “别他妈鬼混了，我们得把这差事做完！”（Stop fucking around. We've got to get this job done!）（动名词）
>
> “这次别他妈的砸锅了！”（Try not to fuck up this time!）（不定词）
>
> “他妈的少惹我，老兄！”（Don't fuck with me mate!）（否定命令）
>
> “他妈的给我滚！”（Get the fuck out of here!）（名词）
>
> “这太他妈离谱了！”（That's fucking ridiculous!）（副词）
>
> “干！好一只大狗！”（Fuck! That's a big dog!）（惊叹词）

（然而该书倒是省略了非标准但很普遍的连接词用法：“玛莉很漂亮，干，也很笨［Mary is beautiful，fuck，she's also stupid.］”。）作为学习参考书，这本辞典强调的或许是该字的构词用法，不过英文初学者若想把干用在公共场合的任何一个人身上，可能最好先在英语国家待个一年左右，如此一来，便有时间接触了解组成此字意思的大部分变数。先实习一年，当然比较不容易把事情干他妈的搞砸，但尽管如此也没有百分之百的保证。

这世上并没有什么四字词的竞赛，每年颁奖之类，但若说屄的力道和恶毒不容小觑，那么干绝对是语形学弹性遥遥领先的赢家。在《咄咄屄人》一章中，我们会谈到杰佛瑞·修斯（Geoffrey Hughes）的八项使用分类，并测试干弹性十足的用途，修斯将之解释为“在情绪化的脉络中，用途及文法功能的一般限制变得宽松”。[1]如此的限制永远在发挥作用，尽管是不为人知的无形作用，防止普通动词无法控制地发展出愈来愈多的文法类别和言辞行动功能。

以动词“走”（walk）为例。它是规则动词，除了不定词形式（to walk）之外，也有一般的变化（walked、walking）。它也可当作名词（a walk［散步］）、行为者名词（a walker［走路的人］）以及动名词（如 walking is healthy［走路有益健康］）。不令人意外地，它的现在分词（walking）可以当作形容词（如 a walking tour［步行导览］）；同样不令人意外地，它的过去分词可以用作被动形式（如 I'm all walked out［我累死了］）。这些类别和功能毫无出人意料之处，证明“walk”已被上述的限制安全收进英文

[1] Hughes，1998：31－2.

的一般范畴，而这些限制就是为了不使语言脱离自身的规则太远、变成另外一套语言。

然而咒骂词似乎长出腿来到处乱跑，实现惊人的（不）可能性与命令，比方**干你娘**和**干你自己吧**这两个都算近期发展的词就是很好的例子。大众传播、美国文化、全球化以及英文的普及——尤其英文之为流行文化的语言——都有助于**干**广为流传，到头来也因之减弱了它的力道。我听说尼日利亚的年轻人用**干**字用得很多，直接受到美国城市黑人音乐的影响。但这种力量减弱的现象并不限于英文。比方同一时期，芬兰语的 perkele 一字就从非常使人震惊（等于“天杀的地狱!”［Bloody hell］）变成几乎毫无惊人之处（等于“哎唷喂呀!”）。

修斯的分类尽管完整，但仍未包括**干**的若干变化，如乱伦的、不太可能的**干你娘**，或者让人颇难理解的“干你自己”，也没包括此字似乎变化无穷的名词形式：

> fuckhead，指愚笨或不是好人；
>
> fucker，指可厌、可鄙、可悲、可怜的人；
>
> fuckwit，源自澳洲，指某人缺乏大脑，而非指其不道德；
>
> fuck-up，指极为恶劣的情况，或者严重需要接受精神病治疗的人。

在《如何用四字词做事》（*How to Do Things with Four-letter*

Words）一书中，安格斯·基曼（Angus Kidman）列出另一份有用的干的词义分类，区分使用干所能达到的不同功能[1]。

一种是指称（referential），也就是说干意指性行为——或者借用我小时候查辞典的结果来说，意指“性交行动”。这是个准确而精简的字，妙的是，竟没有其他字词能替代。“做爱”显然带有情绪意涵，无法延伸那么广泛；“进行性交”的语域（register）则完全不同。同样相当古怪的是，尽管干没有其他精确的同义词（现在已显过时的“screw”一字算是最为接近），但这指称功能的字义反而是它如今较少派上的用场。

基曼举出许多例子，说明男女两性都用干来描述性行为。1971年，洁曼·葛瑞尔（Germaine Greer）宣称这是个下流的字[2]，仅限男性用来形容“对被动女性做出的举动”。30年后，这字已安然进入女性论述，尽管或许不像男性那么完全（关于这一点，《狗娘养的》一章中有更详尽的讨论）。

如今，人们对干的理解和使用偏重于它的情绪意义。从这个角度来说，它可以达成多种功能，包括不悦（“他妈的到底怎么回事?”）、强调（“这里真他妈热!”），以及恶意（“你这干他的蠢材！他妈的少惹我!”）。但它的变迁模式极不寻常。

它起初被视为禁忌字眼，是因为它的指称功能。然后这个字逐渐转移为发泄情绪的用途，失去了原来的指称字义。如今这份

[1] Kidman在Kidman（1993）中引用J. L.，Austin（1967）的话。

[2] Greer，1971：41.

禁忌仍然潜存，尽管远不如20年前那么强烈。这个字的性意味几乎不存，通常更偏向类似“可不是吗”（go figure）的意思。有无奈的“哦，干，去它的!”、迷路的“我们他妈的到底在哪里?”、困惑的“我他妈什么都不知道”、狐疑的“你他妈是谁啊?”，以及难以置信并且/或者表示敬佩的“你他妈怎么办到的?”。

《NTC被禁的美式英语》（*NTC Forbidden American English*）又是怎么说**干**的呢?（请注意，这本书可是专门定义各式禁忌字眼的界限。）该书宣称**干**“在各种意义下都是禁忌”，却也承认此字鲜少用来指称原义，更普遍的用法是强化愤怒语气。搞不清楚了吗？简言之，性意味已几乎不存，情绪仍在，禁忌徘徊不去，不过程度不一。

阿诺·史瓦辛格（Arnold Schwarzenegger）曾说：“我在每部电影里都有恋爱对象——我的枪。”[1]也许有些（但不是很多）人会觉得惊讶，性与暴力之间有着长久且广泛的联结。感到惊讶的人，应该思考武器名称跟性器官名称的重叠。比方说，拉丁文的telum可指“武器”或“工具”或“阴茎”。许多其他语言也用匕首刀剑的名称来称呼阴茎。英文将男性生殖器比喻为捶打、切砍及戳刺的工具（“棍”“撞门柱”“棒”“矛”“拨火棒”“杆”“排挡杆”“匕首”“剑”“刺刀”）；其他语言则更确切地将之比喻为枪械（“手枪”“枪”“火箭炮”），射精则是相当明显的比喻（“射”

[1] 这段话原先出自1988年1月份《花花公子》（*Playboy*）的一篇访谈，被引用于Crawley主编的 *The Wordsworth Dictionary of Film Quotations*（1991）。

“砰”“发射”“开火”）。

但这并不是说与性相关的词汇就一定暴力，也有不少多彩多姿的说法，比如澳洲英文的“婚礼擒抱”，以及用来形容**性交中断**的“在红蕨下车”（红蕨是悉尼一处郊区，是中央车站的前一站，而后者原为终点站。如果发现其他都市的交通系统也被拿来做类似的运用，应该不令人惊讶）。

《NTC 被禁的美式英语》列举出“工具”指阴茎，“工具袋”指阴囊，“工具检查”指性病检验，“工具间”指阴道。关于这最后一词，书中加注道：“玩笑用法，与‘工具’配对。并不广为人知，但很容易理解。”然后另一条注解进一步提醒读者，女人不喜欢听见自己的身体被拿来取笑或轻忽对待。

为什么加上后一条注解？习惯把阴道说成“工具间”的人一定知道这词含有贬义，不管说出之前或之后都不太可能跑去翻字典，查阅它的用法及适当规定。同样的，没有任何一个听到这个词——或更糟的是，被人用这词形容——的女人需要查字典才了解说者的意图或脉络里的意义。如此想来，我做出了一个相当明显的结论，那就是：唯一会用关于辱骂语言、禁忌及恶言的辞典的人，就是我这类的人——此外或许还有你，亲爱的读者？

没有其他字词能代替干，这点已经很清楚。卫兰·杨（Wayland Young）指出，它的取代词以及委婉语如“交配”“交媾”“进行性交”“跟……睡”以及“做爱”，全都不正确或不合适。他认为，**干**一字清楚又明白地说出了它的意思[1]。

蒙特古也推崇此字的指称功能，简明扼要地将之描述为“指人类一项最及物（transitive）动作的及物动词”[2]。朱利安·伯恩赛（Julian Burnside）写道：“要是我们的社会主子能接受‘性’是人类存在的正当的一部分，不会就此消失，那么**干**也许终将被接受为礼貌用字。”[3]然而，只要**干**还是如此有效、用途广泛的强化语（尽管力道日渐减弱），它就不太可能在不久的将来变得老少咸宜。

路易斯（C. S. Lewis）曾抱怨，我们缺乏一种可以用来轻松谈论“性”的语言[4]。但这并非巧合。原有禁忌的重点正是在于让人难以在公共场合提及这些话题，而加强禁忌最好的方式就是除去任何有礼的替代选项。不管是丰富的性俚语和粗话，或者是专供临床脉络使用的技术性用词，都不适合有礼的公开场合。事实上，若要公然提及性，就只能从脏话或小儿语或解剖学中选用词汇[5]，而这三者都无法满足社交需要，因此才有这么多闪烁其词的说法。当其他用词都只能拐弯抹角不着边际的时候，委婉语就很方便好用。但它们都比不上简单的**干**，有人说它集简洁、耐

---

[1] Young，被引用于 Montagu，2001：314－315。

[2] Montagu，2001：305.

[3] 见 http://www.users.bigpond.com/burnside/obscene.htm.

[4] C. S，Lewis，被引用于 Hughes，1998：1。

[5] Hughes，1998：241.

用、可塑性高、表达力强又容易理解等多项优点于一身[1]。

@*%!

对性爱名称习俗的研究显示[2]，亲密关系的伴侣自会创造出针对特定情境、充满脉络意涵的词句，用于他们的私密交谈。他们会给彼此的身体部位（和功能）取可爱的名字，甚至加以拟人化，有其个性和好恶。月经博物馆所收集的许多女人（及其伴侣）为她们月事取的诨名，更巩固了这项研究结果。

同样玩笑性质的用法也填补了另一个空缺——便是如何克服或利用英文缺乏一个词来指称并未结婚的同居伴侣这一点，可用的只有听来官僚的“实为”（de facto）或“指定等同配偶”（designated spouse equivalent）。我在这方面做了些研究，发现实为一对的伴侣通常能自己想出办法，解决缺乏可用字词的问题。有些词变得广为人知，流行了一段时间。有个 1980 年前后住在英格兰的澳洲人告诉我，他听过相当可爱（至少当时如此）的 POSSLQ（发音为 postle［依 apostle 的念法］加 Q），意指“同居一处的异性”（Persons Of Opposite Sex Sharing Living Quarters）。另一个指同居词的是“床友”（bunk-mate），是又年轻又酷的用语，很容易就能解读为友善、随意、持续但“并非真正一对”的

---

[1] http://www.users.bigpond.com/burnside/obscene.htm。

[2] 见 Cornog（1986），被引用于 Jay，1999：86。

关系。

有位女性告诉我，跟她的男伴在一起许多年之后，她终于决定用“这是我男人约翰”这种说法，有时候则说“我那一位”。但她那位约翰则认为相对的“我马子”或“我女人”这种说法很不顺口。久而久之，他终于想到把自己描述为“实为她小孩的继父”。他们是一对彼此关爱的伴侣，这些用词是有意识的、仔细研究过的选择，因此，当女方的其中一个小孩顺口对朋友介绍约翰是“我妈的抨（bonk）”，那是相当值得纪念的一刻。

事实上，**抨**本身是个新近出现、表示性活动的字，但也有另一个较为暴力的意思。这字常用作动词，也用作名词。**抨**可以指性行为，也可以指性行为的对象（“他是不是个好**抨**?”）。**抨**起初是英国口语，但当八卦小报兴高采烈地用它当标题，描述波里斯·贝克（Boris Becker）[1]据称很猛的性生活时，这个字便广为英语世界所知。“抨抨贝克”顺口又押头韵的效果，八成有助于这个字更加巩固其在英语里的地位。

另一个大约出现于同时期的字，是形容词“可抨的”（bonkable），这个字至少理论上可以变成名词，“可抨性”（bonkability）。约翰·艾托（John Ayto）认为，**抨**的原意是“打”（初次出现的记录在1931年），由“砰”（bang）字而来，如今的意义是“打”的比喻性延伸[1]。艾托举出许多1975年到1987年

1　德国网球名将。

〔1〕Ayto，1999：462.

报纸使用**抨**的例子。尽管字源涉及暴力，这个字（在英国依然用得比美国或澳洲多）目前并不具暴力意味，反而带点玩笑性质，男女都常使用，酷酷的年轻族群比粗腰中年人用得普遍。

一名跟我通信的友人，回想当年的狂野青春，有些惆怅地写道：

> 以前我们并没有这么一个和气、亲昵的词来形容那件和气、亲昵的事。我们在性革命和反文化（counterculture）的年代脱离青少年时期、进入大学，似乎挪用并某种程度驯服了旧有的四字词，但那些四字词充其量只是唐突、粗俗或机械化："roots""screws""shags"等等。不然就是"做爱"（而非作战），但这词不知怎么总是显得有点过于诚恳[1]。

澳洲报纸一名专栏作家曾提出，英国八卦小报发明了**抨**，以满足全国上下对富有名人常卷入的咸湿性丑闻的执迷兴趣。他将这归因于"微微掀动的蕾丝窗帘"症候群[2]——也就是"无法满足的渴望，非要看看隔壁邻居在做什么不可，亲爱的"。因此**抨**指的是**干**，但由于它比较"柔和"，便能供公共论述所用，从波里斯·贝克到大卫·贝克汉姆（David Beckham）皆可。

[1] Jeffrey Mellefont 与笔者的私人通信，2004 年 3 月。

[2] Mike Carlton 于《悉尼晨报》，2004 年 4 月 17—18 日。

脏亦有道

你要我在干他妈的天花板上画什么？

——米开朗琪罗

如果我们真需要为探索咒骂此事提供正当理由，那么指出咒骂之为一项人类活动几乎放诸四海皆准，应该便已足够。各处的禁忌和——当然——字词本身不同，环境条件、场景和规则也有所差异。但几乎所有的人类群体都会咒骂。我说“几乎”是因为仍有一些例外，稍后《跨文化的脏》一章会再详细说明。

当然，这并不表示某一文化里的每一个人面对相同刺激都会骂出相同的话。其中的一些差异，比如与性别有关的，本书稍后也会再加以探讨。但还有一些差异并不包括在“阶级”或“性别”这类大范畴里，而是个人的差异。我们谁没有一个老处女（或甚至已婚的）姑姑或阿姨非常保守敏感，在她面前每个人讲话都小心翼翼、不敢造次？同样的，我们又谁家没有一个说起话来咒骂连篇的亲戚？

我父母鲜少咒骂，就算真的骂，也是小小声，而且用另一种语言。我哥哥小时候从不曾咒骂，至少在我面前绝对没有。我则常常咒骂，口无遮拦。当年我跟四周环境如此格格不入，简直像凭空掉进我家的外星人。很明显的，不仅文化与文化之间互有不同，每个文化本身内部也有许多差异。

我们为何咒骂？这问题的答案取决于你取什么角度。身为语言学家——而非心理学家、神经学家、语言病理学家或任何其他学家——我将咒骂视为一种有意义模式的口语行为，可加以功能分析。从实务角度来说，要了解咒骂，可以从人们认为它具有的意义，以及它在任何特定环境下达成的效果这两点着眼。

脏话在我脑海里的图像是三个同心圆。你也可以用地质学比喻的方式来想这三个圆——地心、地表，以及围绕其外的大气层。最里面那层，也就是地心，是由脏话本身组成，这种字词约有一打（我喜欢称之为“十二脏肖”）——**干**、**屄**、**屎**、**尿**（piss）、**鹏**（bugger）[1]、**天杀的**（bloody）和**屁股**（arse），再加上**该死**（damn）、**地狱**（hell）、**屁**（fart）、**大便**（crap）和**屌**（dick）——为许多不同的言辞行动提供资源。先前我已说过，这

1　原文为“鸡奸”之意，中文似乎没有其他更简洁、更像骂人话的说法。此处姑译为“鹏”，取其字形（但非字义）所含的性意味。

12个字词经常操劳过度，服侍许多不同的主子。而这些“主子”，也就是言辞行动，则位于第二圈，也就是地表。我喜欢用不定词来想这些言辞行为——咒骂（to swear）、诅咒（to curse）、侮辱（to insult）、强调（to intensify）、说粗话（to be vulgar）、说猥亵字眼（to be obscene）、渎神（to blaspheme），等等。这些也有一打左右，不过跟四字词库里的那些核心脏话没有绝对直接对应的关系。比方说，你可以用屎来侮辱人（“你脑袋里装屎”），也可以用来加强语气（“那笔狗屎交易真够烂的”）。

不定词形态的言辞行动可说四处漫游，寻找落脚的特定环境。若没有脉络（也就是最外面这一圈），言辞行为都只是理论——还没有“达成”意义。因此最外面这一圈，也就是大气层，便是使用的脉络，有了它，我们选用的字词才终能有其意义。

只有当字词置于特定脉络——有两个以上的参与者在同一地点时间互动，对彼此之间的关联有共同了解——我们才能讨论“意义”及“达成”（achievement）。外圈由三种广泛的达成领域组成：清涤作用（catharsis）、侵略性（aggression）以及社交关联（social connection），大部分脏话的使用都可归为这三类。由于生活和语言都是复杂的现象，这三种领域的界线并非斩钉截铁，而是可以相互渗透，但那是一种特别的可渗透性，容许渗漏发生，却又不规定非如此不可。

把外圈这三种领域想成人们咒骂的三种原因，或许比较容易。第一种是“清涤”：不小心踢痛脚趾时，你会几乎本能地骂一句王

八蛋！。第二种是"恶言"：你看上的停车位被另一个人抢了，于是你咬牙切齿骂声**王八蛋**。第三种是"社交"：碰上好一阵子没见的朋友，你用"你这老**王八蛋**"招呼对方。

我们这批阵容虽小但神通广大的咒骂词自由效力于这三种范畴，尽管频率和效果不完全相同。此外，情绪因素可能占主要地位（如清涤的或恶意的咒骂），也可能只是次要（如社交性的咒骂）。但尽管有这些相互重叠又共组整体的元素，其复杂性其实只存在于学术讨论。在"现实"世界中，我们辨别不同种类的咒骂毫无困难，因为每次咒骂都自有其行动脉络，我们不需要说明书告诉我们那边那个涨红脸的大个子是踢到脚趾不爽、是对我们不爽，或者刚认出我们是当年的老同学，于是走过来想重温情谊。

清涤性质的咒骂最为简单直接，是那种"踢痛脚趾、撞到头、输掉比赛、闯红灯被逮"式的咒骂，此后我将用"踢痛脚趾"这个词加以通称。大卫·克里斯托（David Crystal）对语言做了一番百科全书式的总览[1]，把踢痛脚趾式的咒骂明明白白归类于语言的"表达"或"情绪"功能，视之为一种发泄过多紧张精力的本能方式，因此也是语言最普遍的形式之一。若说人生是个压力锅，踢痛脚趾式的咒骂则以有其分寸、可以控制的方法宣泄压力。这是一种我们都能体会的失礼行为——是一个最小公分母，不论情

[1] Crystal（1987）.

况多荒唐都能为真。

底下这个笑话便是一例，幽默地利用了积压已久、无可宣泄的挫折感此一放诸四海皆准的情绪。

在耶路撒冷，有个女记者听说一位年纪非常大的犹太老先生每天都到哭墙旁祈祷，一日两次，天天如此，已经持续了很长很长一段时间。于是她去一探究竟。她来到哭墙，果然找到他。她看着他祈祷，大约四十五分钟后他转身准备离去，她便上前采访。

“我是CNN的某某某。老先生，您来哭墙祈祷已经多久了？”

“差不多五十年了。”

“五十年！太惊人了！请问您祈求什么？”

“我祈求犹太人与阿拉伯人和平相处，祈求大家心中不再有恨，祈求我们的孩子能在友谊中平安长大。”

“这么做了五十年，您有什么感觉？”

“感觉我他妈根本是对着墙自言自语。”

在踢痛脚趾式的咒骂中，实际使用哪个情绪字眼对功能并无影响。真正“说话”的是发泄压力、释放若干积压情绪的此一行为，与使用什么字词无关。这种语义真空可用“情绪字眼”一词的次要意义加以点明：“任何没有独立意义的音节、字词或片语，尤指穿插于一行诗句中以求合乎格律者”[1]，例如“花朵开放在春天，夏啦啦”（the flowers that bloom in the spring，tra la）里的“夏啦啦”。下次你若因咒骂而被人责备，别忘了这一条。

在这种咒骂中，我们一时失去冷静，失态——也就是失去了我们每个人在别人面前紧密自我控制的状态，这种状态使我们的界线保持完好，使人与人之间的接触不至于发生摩擦。大部分时间，我们都意识不到自己花了多少心力在维持这种态度，但有时候——频率如何则视个人而定——冷静则会出现闪失。

社会学家尔文·高夫曼典型地将这些闪失视为身体界线完整性的崩塌，给了它一个很妙的名称，叫“泛滥而出”（flooding out）。哭泣就是泛滥而出的一个绝佳例子，咒骂也是。稍后我们谈到使用脏话的性别议题时，将会发现这两种行为并非毫无关联。1913 年《笨拙》（*Punch*）杂志刊登一幅著名漫画，画的是一位老太太俯身对一个显然很伤心的小男孩说话。她问：“小朋友，你为什么哭？”他则回答：“因为我年纪不够大，还不能咒骂。”[2]

哭泣和咒骂的关联可能不仅限于一个层面[3]。史提芬·平克（Steven Pinker）比较人类语言及其他动物的沟通系统，发现灵长类的呼叫声不像人类是由大脑皮质控制，而由脑干及边缘系统中

[1] Collins（2003）.

[2] Montagu，2001：72.

[3] Pinker 对人类语言及其他动物沟通系统的比较，见 *Language Instinct*（1994）。

更古老的神经结构所控制，而这两个区域都与情绪有密切关联。（我有次收到一份在网络上到处转载的文章，文中表示："下视丘是大脑最重要的部位之一，其各式功能包括负责产生许多种类的动机。下视丘控制'四个 F'：战斗［fighting］、逃跑［fleeing］、吃食［feeding］、交配［mating］[1]。"）

平克把咒骂与笑、哭、呻吟以及痛苦时发出的声响归为一类。我们或许可称这些表达方式比较原始或比较"基础"——最为接近**人类本质**[1]。我不确定是否有人曾将这些研究结果用在法庭上，抗辩冒犯性语言的罪名——"当时我的行动是出于下皮层，法官大人"或者"是我的边缘系统导致我做出这种事"——但这也是个主意。

踢痛脚趾式的咒骂带有预料之外的因素。我们的平稳前进突然被打断，这令人既不自在也不欢迎，因为我们通常不喜欢恶劣的惊奇。我们天性倾向于抱持着天真乐观的态度度过一生，预期我们的需求和欲望都能顺利得到满足。这叫作"波莉安娜假设"（Pollyanna Hypothesis），跟比较脚踏实地的"墨菲定律"（Murphy's Law）恰成对反。波莉安娜假设或许看似无稽，但却能持续下去，因为若没有它，一般的日常生活将会变得难以忍受。

1　最后一个 F 显然本应是 fucking，但转载文章者可能因为怕如此"不雅"语言引致反感而加以修改。

［1］这句话出自 Arango 的 *Dirty Words*（1839），引用于 Dooling，1996：54。

因此当我们的预期莫名其妙被推翻——这种事常发生——我们就会极度（尽管可能只是暂时）失望。我们的“心理社会平衡”受到扰乱[1]，但我们用以发泄情绪的情绪字眼是安全阀[2]，可以抒解突然暴涨的不适恰能量，十分有助于导正心情，恢复健康平衡。至少持续到下一次。

当然，我们对于意料之外的事物有另一种为人熟知的反应：笑。有人曾说，所有的笑其实都是一种“看见穿着光鲜的人大摇大摆走在街上，却踩到香蕉皮滑倒”的本能反应，尽管其世故细腻的程度不同。我想是弗洛伊德宣称，我们对香蕉皮场面发笑，是因为松了口气，因为滑倒的是别人而不是我们。但出乎意料的事物引发的是笑声还是情绪字眼，则取决于许多变数。比方说，你是自己一人，还是跟别人一道？如果是后者，跟你一道的人是谁？你与他们的关系为何？其中是否涉及痛苦？如果有，又是谁的痛苦？你自己的痛苦比较可能引发情绪字眼，别人的痛苦则很好笑。这也许是对**人类本质**的悲哀评语。

发出情绪字眼可能对我们的健康有益，因为它扮演了抒解兼净化兼安抚兼清除的角色，减轻我们的压力[3]。情绪字眼可以用来骂没有生命的物体——有些人痛骂害他们撞头的橱柜或夹到他们手指的门，仿佛那东西有动作能力、有意志、有恶意。这种咒

[1] Montagu，2001：72.

[2] Montagu，2001：79.

[3] 见蒙特古提及 Campbell、Hughlings、Jackson 与 Steinhoff，2001：83。

骂有时称为“恼火咒骂”，它的一个重要特点是不需要听众，就像打嗝或其他更失礼的生理排放也不需要听众[1]。我们甚至可以说，正是因为没有听众，不受限制的情绪字眼才有最大限度的自由。

当然，如果你知道那位老处女姑姑或阿姨（或其他表明自己不咒骂或反咒骂的人）就在听得到你讲话的地方，那么就算踢到脚趾再痛也可能有所节制，或许会把**狗屎**！改成“够了！”。由于语言的作用丰富又复杂，那位姑姑或阿姨会知道你是因为尊重她的耳朵——也就等于尊重她本人——才改口的，于是她内心会感到满意，尽管表面上表示不赞许。

第二种咒骂是“恶言”或“詈辱”的咒骂。这跟清涤咒骂一样情绪化，事实上可能更甚之，因为引发这种咒骂的语境通常为时较长，不像简单的情绪字眼只因踢痛脚趾而出现。今早遛狗时，我经过一男、一女和一个小孩，三人看似一家，朝同一方向走，但却没有并肩而行，散开得颇远，彼此相隔十几步。男人辱骂女人，女人也毫不逊色地回敬。除了一连串 b 字眼和 f 字眼，就我能听出的内容而言，他们谈的是在小孩面前咒骂的问题。我猜想争执可能因另一个主题而起，然后恶化成咒骂，于是争吵的话题变成咒骂本身，并且当着小孩的面进行。他们的声音太大，我想不听都不行。这种戏似乎经常上演，主角显然都很熟悉自己的台词。我惊异于这场景编写得如此精致。小女孩拖着脚走在后面，

[1] 两位采用此名称的研究者分别是 Burridge（2002）及 Montagu（2001）。

仿佛这一切她都已听过，而无疑她确实都已听过。

这是恶言咒骂的绝佳例子。我有幸与闻的部分大约四分钟，但他们绝对从我听到前就已开始、在我走开后也依然继续，因此我不知道这场咒骂总共为时多久。这甚至有可能是这对夫妇平常的对话风格。看过澳洲片《蒂许与楚德》（*Teesh and Trude*）（为了做研究），我的结论是，每讲一句话都插进一个咒骂词是可能的，就像奥威尔（George Orwell）或康拉德（Joseph Conrad）句句都可能插进一个限定动词。

这样的口语辱骂被称为“战斗字词”（fighting words），不是没原因的[1]。提摩西·杰提醒我们，美国宪法对个人言论自由的保护不包括诽谤、中伤、猥亵字眼、战斗字词，以及会引发立即直接的危险的字词。一如宪法保障持有武器之自由的条文措辞，美国人始终跟这些定义纠缠不清。

关于“战斗字词”的看法，似乎可分成两派[2]。第一派被称为“字词可伤人”派，主张战斗字词或“当面对个人说出的人身攻击骂词”与伤害的意图有关——可能是生理伤害，可能是心理伤害，也可能两者皆是。另一派则主张应在口语攻击与肢体攻击之间做清楚的区分，生理伤害与心理伤害亦然。有人认为口语暴力能代替肢体暴力，反而会降低而非增加肢体的侵略性，甚至可能发挥使人稳定的保护作用。

---

[1] 关于“战斗字词”的有趣讨论，见 Jay（1999）。

[2] Jay，1999：212.

人们对咒骂所持的态度，作为文化建构如禁忌、教会规定或俗世法律，都藏有一个公分母——那就是相信，某些情况下以某些方式说出的某些字词具有象征力量，这种象征力量有时被视为“魔法”。是这些文化态度，使该文化特有的咒骂词具备了危险性。这是一种反身关系：认为某些字词有力量的这种看法，给了那些字词力量；而这股显现出来的力量，又强化了这些字词有力量的看法。

这是“只有你让他们伤害你，他们才伤害得了你”的变奏。实际的咒骂词可能会随时间有所变迁（稍后我们讨论干逐渐减退的力量时会谈到），但就包藏其中的关于“字词魔法”的信仰而言，这只是次要的。一个字词不合用了，就会有另一个字词加以取代。禁忌稍微变动一点点，但魔法仍存。

恶言咒骂跟踢痛脚趾式的咒骂不同之处，不仅在于其侵略性——尽管只是象征性——的意图，它的“参与框架”（participation framework）也不同。这是高夫曼的用词，表示在互动中谁扮演主动（参与）角色，谁扮演被动（观察）角色；谁在前台（中心参与），谁在后台（边缘参与）；谁受许可（其参与为人所知），谁不受许可（其参与不为人知）。恶言咒骂的主要特点之一，就是需要有别人参与。清涤咒骂者大可自言自语大吼大叫，恶言咒骂则需要有目标，因为恶言咒骂者想造成伤口、想撕裂、想引致伤害——简言之，就是心怀恶意。

有些作家，包括诗人柯勒律治（S. T. Coleridge），试图将恶言咒骂这个高度情绪化的种类再分出两个次类别[1]。第一种比较接近清涤咒骂，可以清除咒骂者心中的恶毒之意，但差别在于以某人作为对象。其核心动机在于需要发泄若干情绪，而那可怜的对象只是不巧出现在该时该地。这种咒骂者在激动当下可能会说出很难听的话，但并非真有那个意思，过不久可能便会将之抛在脑后。

柯勒律治列出的第二种次类别，指的是使用口语暴力的咒骂者是真的怀抱恶意，其动机跟骂出来的话一样恶劣。把这两种归为一类是不公平的，因为尽管听起来可能很像，用的脏话也类似，但两者意图不同，听者也应以不同的认真程度对待之。分辨这两种的一个方法是把某些咒骂视为“只从口出”，比较严重咒骂的则是发自内心[2]。

个别分析恶言咒骂与清涤咒骂，并不表示两者不能结合。我们很容易想象，一个人一开始只是对某个讨厌的阻碍发泄情绪，之后却转变为——或者也可以说升级为——一场詈辱咒骂。所以才会有那么多乱发飙的人（从公路驾驶员到海滨冲浪客到班机乘客）。也许活物目标的出现有火上加油效果，把原先可能只是短暂的情绪字眼变成全面爆发。对咒骂者而言，恶言攻击可以达成两个目的——情绪的清涤抒解，同时也能把怒气发泄在选定的目标身上。

[1] Montagu，2001：53.
[2] Montagu，2001：35.

若说清涤咒骂和恶言咒骂是手足，第三种咒骂，也就是“社交咒骂”，则——继续用家属关系来比喻——连远亲都算不上。研究证实了我们直觉知道的事，那就是：在放松的环境、人们与其他在场成员相处自在的状况下，其语言含有大量咒骂。凯特·柏瑞芝（Kate Burridge）写道：“一般说来，一群人愈是放松，讲起话就有愈多咒骂。”[1]当然，这句话的真实程度要看阶级与性别等社会变数而定。在男女都有的团体中，人们咒骂的频率低于单一性别——无论是男性女性——的团体，但“轻松自在”和“咒骂”之间绝对有关联。

这些环境因素容许用平常被视为难听情绪字眼的字词来表达惊喜或意外。“干，你带来的啤酒真够多！”或者“把你那堆狗屎玩意儿放下，过来喝一杯。”（在这两个自然发生的例子中都有酒精饮料存在，八成有其意义。）加强语气的咒骂词诸如“天杀的”“干他妈的”“屌大一个”“好一狗堆”等等，在同一团体成员的轻松对话中都能运用自如，使其语言更生动更有色彩，并加强彼此间的同志情谊。这是语言两大功能——实质或交换的，以及人际或关系的——协力合作的经典例子。事实上，在社交咒骂中，实质或交换的信息内容还不如人际关系的意味来得重要。

社交咒骂虽与另两种咒骂使用同一套词汇，但也自有其特异之处。其中之一是将咒骂词变成复合语，比方压头韵的“bloody

[1] Burridge，2002：229.

beauty”（天杀的美）或“fuckin’ fantastic”（干他妈的棒），或不压头韵但常见的复合语如“bloody awesome”（天杀的赞）。还有一种用法是以中缀（infix）表示最高级的加强语气，将咒骂词插在现有字词的中间：“absobloodylutely”（绝**天杀的**对）、“fanbloodytastic”（棒**天杀的**呆了）、“infuckingcredible”（难以**干他妈的**置信）、“hoofuckingrah”（好**干他妈的**耶）、“indegoddampendent”（独**该死的**立），或者是出现在汽车保险杆贴纸上的无母音版本：“nfknblvbl”[1]。

这种语言现象亦称为“融合为一的形容词”（the integrated adjective）[1]。事实上，《一本关于澳洲的书》（*A Book about Australia*）中便收录了约翰·欧葛拉第（John O’Grady，又名尼诺·库洛塔［Nino Culotta］）一首叫这个名字的诗作[2]，诗里出现许多融合为一的形容词：“me-bloody-self”（我天杀的自己）、“kanga-bloody-roos”（袋天杀的鼠）、“forty-bloody-seven”（四十天杀的七）、“good e-bloody-nough”（够天杀的好）。难怪“天杀的”被称为“最伟大的澳洲形容词”。向我提起这首诗的人写道：“我读这本书，因为当时我正在考虑移民澳洲。它并没有泼我冷水。”

典型的，社交咒骂词起初都是“坏”字，但变得约定俗成，

1　原文显然应为“unfuckingbelievable”，也是“**干他妈**的难以置信”之意。

［1］Hughes，1998：24.

［2］T. Inglis Moore 编，Collins UK1961 年出版。

成为可供辨识的社交形式。把咒骂词当成宽松的加强语气词，有助增进同一团体的人随口谈天的轻松写意气氛，康妮·艾柏（Connie Eble）在一份关于大学校园内俚语与社交之关系的研究中便探讨了这个现象[1]。这种咒骂尽管可能针对别人，但并无贬义；它的形式常跟恶言咒骂一样，但功能相反，意图在于说笑而非冒犯[2]。总而言之，这是开玩笑的、随便的、轻松的交谈，参与者不只用谈话内容也用谈话方式来润滑彼此的关系。

社交咒骂非常能够消除阶级差异[3]。在社交场合，甚至可以看到经理和工人这样交谈。这并不是说，这种场合的沟通就毫无限制；在场每个人都知道这是社交活动，跟职场其他运作是完全隔开的。工人照经理的话行事，情况鲜少颠倒。等社交活动结束，事情又恢复平常的秩序，没有渗漏或残留。

演讲时，若听众是我不熟悉的对象，使我无法解读他们的反应而感觉不自在，我发现偶尔恰到好处地随口说出一两个低语域的字词，可以明显软化先前僵硬、冷淡、疏远、正式的听众。这种时候我会感觉到一种发自肺腑的放松，全场气氛轻松起来，接下来我讲得比较愉快，他们也听得比较愉快，绝对是双赢局面。起初我一定是潜意识地、直觉地使用这一招；后来，等我注意到听众如何有所改变，如何放松变得更愿意倾听，我便有意识地运

[1] Eble (1996).

[2] 关于咒骂语作为松散的强调词，见 Andersson & Trudgill，1990：61。

[3] Holmes et al.（1996）.

用此一策略。我毫不怀疑演讲名嘴和喜剧演员也运用类似的战术。

有时候，要检验一个论点是否正确，可以从它的反面去看。此处我们主张社交咒骂是团体中的润滑剂，标示归属团体的成员，可以用来评量一群人有多放松。其反面就是用语言来扩大人与人之间的社交距离，而非缩短或跨越它。我们都会用超级正式的态度收回暖意、表示疏远，这招说不定比恶言咒骂争吵更能扩大社交距离。我听说日本人已将这招精炼成一种艺术，而充满许多敬语的日文也可以做许多微妙的变化。

我听说，婚姻咨询中运用的一个策略，就是让争吵的双方各退一步，改变他们平常对彼此使用的语言。他们不用身为夫妇的亲密（尽管常常斗嘴的）论述，改用比较疏远正式的说话方式，类似我们与人初识时会采取的客气态度。说不定（我并没有证据支持这个论点）这是为了打破口角的恶性循环，或只是为了让治疗师觉得场面比较没那么不愉快。

我不确定汤姆·克鲁斯（Tom Cruise）和妮可·基德曼（Nicole Kidman）是否试过用这种改换论述的方式来挽救他们十年的婚姻，但克鲁斯常以礼貌拒人于千里之外，这点是为人所知的。《时代》杂志曾以克鲁斯做封面人物特别报道，标题是《身为汤姆》（*Being Tom*），介绍克鲁斯及其在好莱坞如日中天的事业。文中有这么一段：

> 无论在电影里或生活中，（克鲁斯）似乎已把赢得人心的

能力练得炉火纯青，让人喜欢他却不真正了解他。他很殷勤。他听你讲笑话会笑。他好奇但不多事。他直视你眼睛。他甚至请你提供建议……然而他既可以和悦也可以疏远，既可以投入也可以防备，**他的礼貌态度本身就是一种拒人千里的屏障**……克鲁斯一直是我们不太能清楚认识的一个人[1]。

礼貌之为社交距离的标签，正是咒骂之为社交融洽的标签的反面。克鲁斯不是不能两者兼备。他可以，几乎每个人都可以。他只是对时间、地点、对象和环境加以明智选择，而在这一层意义上，咒骂跟语言其他部分并无不同。

[1] 见 2002 年 7 月 1 日《时代》杂志 Jess Cagle 的 *About Tom* 一文。着重为笔者所加。

咄咄屄人

有很多人要干他妈的人头落地了？

——安·波琳[1]

屄从不天真无辜，至少已经很多个世纪不曾如此了。

所有四字词中，屄绝对是最难听无礼的一个。洁曼·葛瑞尔曾说这是“一个人能被骂的最难听的话”[1]。1811年版的《粗口辞典》（*Dictionary of the Vulgar Tongue*）毫不掩饰其厌女主义，称此字为“一样恶劣东西的恶劣名称”。如果我说该辞典的编辑竟能这么光明正大表示性别歧视，完全不觉得需要委婉措辞或语焉不详，如此不

1 Anne Boleyn（1507？—1536），英王亨利八世的第二任妻子，伊丽莎白一世之母，后以通奸罪名遭处死。

[1] Greer，1971：39.

政治正确的态度倒颇令人耳目一新，各位应该能原谅我这种说法吧。

跟其他咒骂词一样，追溯屄的历史格外困难，只因为它的禁忌性质使得使用记录难寻。《牛津英文辞典》记录此字的第一笔资料，是中古英文一条伦敦街道的名称："摸屄巷"（Gropecuntlane），时间是1230年。让人不禁纳闷这街名是谁取的，为什么这么取，街上又有什么情形——不过你八成可以猜上一猜。有人提出很合逻辑的推论，既然街名是大家都要用的，因此屄当时可能是个为众人接受的字[1]。这推论也似乎符合另一个观点，即：在中古世纪之前，身体部位和生理功能都被视为寻常，可以常常提起[2]。为了支持这个论点，我们或许可以参考朗弗兰（Lanfranc）写于15世纪初的《外科科学》（*Science of Chirurgie*）："女性尿道很短，离屄很近。"[3]

语源学家不太可能轻易对屄的字源达成共识。一个获得提名的来源是古英文的cwithe（"子宫"），另一个可能的候选人是盎格鲁-萨克逊语的-cynd（"天性"或"本质"）。这两个字似乎在古斯堪的纳维亚语、古弗里西亚（Frisian）语和中古荷兰语中都有亲戚。由于这些语言都被视为原始印欧（Proto-Indo-European）语的分支——该语言古老得多，约存在于四千到六千年前——学者多半同意这些c开头的字全跟冰岛语的kunta脱不了关系。帕崔里吉（Eric

[1] 见Hughes，1998：20。

[2] McDonald，1988：35－36.

[3] 朗弗兰《外科科学》的此段引文也来自McDonald，1988：36。

Partridge)[1]把“ku”解释为“最精华的生理女性特质……（所以）……可以部分解释何以牛在印度被视为神圣的动物”[1]。

关于此字跟拉丁文 cunnus（“外阴”）“有可能但无定论的关联”，依然众说纷纭[2]。有些人认为屄与拉丁文的 cunnus 有关，意为“楔”，此字八成为英文的罗曼语[2]亲戚提供了 con（法文）和 conno（意大利文）。顺带一提，后两者虽然“低级”，但跟很具冒犯性的英文亲戚比起来算是温和的字。

屄有一个变体“queynte”[3]，应是刻意用来取代它的字，出现在乔叟（Geoffrey Chaucer）的“磨坊主的故事”（Miller's Tale）和“巴斯妇人的故事”（The Wife of Bath）中；修斯推断，当时此字已经开始失去中古英文之前那种为大众接受的性质。莎士比亚也避免直接提到此字，不过有许多双关语都暗藏着它。“constable”（士官）（《结局好万事好》［*All's Well that Ends Well*］，第 2 幕第 2 景，29 - 34 行）[3]以及“country matters”（坏主

---

[1] 帕崔里吉的此段引文转自 McConville & Shearlaw（1984：45），而且顺带一提，那篇论文把这段话加上惊叹号。

1 牛在英文中一般称 cow（母牛、大型母兽），语源可能也与 ku 字有关。

[2] Hughes，1998：27.

2 Romance，属印欧语系，衍生自拉丁文，主要有法文、意大利文、西班牙文、葡萄牙文、罗马尼亚文等。

[3] Hughes，1998：20.

3 语出剧中老夫人与小丑的对话：
小丑：从公爵下面到士官下面，它适于回答一切问题。（From beneath your duke to beneath your constable，it will fit any question.）
老夫人：那一定是一句能适合一切需要的特大码的答话。（It must be an answer of most monstrous size that must fit all demands.）
引文出自方平所译之《新莎士比亚全集》25，页 58（木马：台北，2001）。

意）（《哈姆雷特》[*Hamlet*]，第 3 幕第 2 景，116－122 行）[1]都颇为明显地暗指那个 c 开头的字；在莎翁作品仍是学校课表中分量不轻的必读内容的年代，这些双关语让许多青少年为之窃笑。

打从 18 世纪开始，屄就被视为猥亵，除非重新出版古代经典作品，否则在书中完整印出此字是犯法的。初版《牛津英文辞典》完全避而不提，不过自从 1965 年的《企鹅英文辞典》（*Penguin English Dictionary*）首次收录此字之后，《牛津》后来的增订版也收入了它。我们必须理解，辞典编纂者本身也受禁忌的限制，那些限制使咒骂语过于烫手，无法妥善处理。

D. H. 劳伦斯（D. H. Lawrence）的《查泰来夫人的情人》（*Lady Chatterley's Lover*）遭禁，引起轩然大波时，这个字随之打响了知名度。1960 年，企鹅出版社打算完整出版该书，结果被控妨害风化。此书原于 1928 年在佛罗伦萨私下印行，市面上只买得到删节本。如今很难相信这本书造成如此严重的群情激愤，还引致一

1　语出剧中哈姆雷特与奥菲丽雅的对话，由上下文观之，性暗示意味确实颇为明显：

哈姆雷特：小姐，我可以躺在你的腿上吗？

奥菲丽雅：这不行，殿下。

（……）

哈姆雷特：你以为我是在动什么坏主意吗？（Do you think I meant country matters?）

奥菲丽雅：我什么也没想过，殿下。

哈姆雷特：想想吧，躺在姑娘的大腿中间，倒是挺有意思呢。（That's a fair thought to lie between maids' legs.）

引文出自方平所译之《新莎士比亚全集》24，页 121（木马：台北，2001）。唯此处人名翻译略有不同。

场审判，法庭上满是过于认真、板着扑克脸的学者，一心要定义猥亵究竟是什么。但毫无疑问的是，此书把屄引进了书面世界。

> “屄是什么？”她说。
>
> “她不知道吗？屄！就是你下面那儿，我进去那儿时得到的东西，那就是它，整个儿的。”
>
> “整个儿的。”她逗他，“屄！那就是跟干一样啰。”
>
> “不对，不对！干只是做那档事。动物也会干。但屄不只是那样……”[1]

梅洛斯，女主角的情人，不是第一个也不是最后一个难以解释这个麻烦之至的字的人。以上的引文中，他碰上的困难在于想以外延（denotative）或描述的方式来使用一个禁忌字眼。我的意思是，他试图给屄下定义，就像别人可能为“椅子”或“物理学”或“集体意识”下定义一样。这招就是行不通，因为禁忌字眼——或者可称之为咒骂论述的具体零件——已充满太多内包（connotative）或情绪的联想，而非只有描述性或辞典上的意思。辞典会告诉你这样一个字的意思，也会指出它具有冒犯性；但实际为人感受到的内包性质，则只能在使用的情境或脉络下才能了解。

[1] Lawrence [1928] 1960：234.

提摩西·杰指出描述性意义和情绪性意义之间的差别。他提及曾在厕所看到一句涂鸦，写道："你们全是一群有够干的花痴。""干"这个形容被圈起来，另一个笔迹补充道："花痴没有别种。"第二个涂鸦的人故意选择**干**的描述性意义，而非内包性意义。

这两种意思或意义之间的紧绷张力是丰富笑料的来源，长久以来都为喜剧演员开发利用[1]：

> 一个中年女人去看妇科医师，做完年度体检回来，向丈夫宣布医生对她说了什么。"他说我依然保有像二十岁一样高挺的乳房、三十岁的血压、四十岁的身材。"丈夫则回答："哦，是吗，那他对你那五十岁的屄有什么意见?""哦，"她不假思索地说，"我们没时间谈到你。"

跟其他禁忌字眼一样，**屄**通常用来制造说者想要的强烈情绪效果。妇科医师不太可能用**屄**指称女性的那个相应部位，同样也不太可能问病人："你嘘嘘的时候下面会不会有灼热感?"脉络或地点本身就具备或被加诸或受限于几乎已事先写好的脚本，而身为一个语言社群里的社会化成员，很大一部分的要素就在于知道该何时对何人用何种脚本。喜剧演员当然常跨出界线，而我们容许他们打破规定，得到的奖品就是笑声。

---

[1] Jay，1992：10－11.

咒骂这件事有一个有趣面向，我称之为“麻木”效果。首次在一个脉络里听见**屄**，其中包含了震惊值（shock value）。这个值当然会有所变化，取决于你是什么人、身在什么地方、当下情形如何，等等，等等。如果此字继续使用在同一脉络，震惊值就会逐渐减退。我听说，在舞台剧《阴道独白》（*The Vagina Monologues*）演出过程中，演员要求观众一再重复念诵**屄**字，以减低他们的敏感程度（不过，想来，会去看叫这名字的戏的人，应该对自己可能听到什么字词多少有点心理准备，因此比较不容易受到震惊）。

另一个类似的情况是，我听说数年前ABC的广播节目讨论过一样名为“我的屄”的艺术品。可以想象，要讨论一样艺术作品，很难不提它的名字。然而听众无法听出引号或者标示专有名词的大写字母，因此节目中的受访者非常尴尬地意识到，听众可能把这名称听成单指个人的“我的屄”。然而，有趣的事发生了。在访问讨论过程中，这个字被用了太多次——事实上是几百次——因此到最后，上节目的人对它的力道和效果都已经没什么感觉了。我们可以说，由于过度曝光，**屄**获致了普通字词的性质和质地。事实上，“《查泰莱夫人的情人》”一案开庭审理时，前来作证的许多重要文坛人物中，有一人便曾说，在阅读这本书的过程中，他发现那些所谓猥亵的字眼“愈用就愈得到净化”[1]。

[1] Hoggart（1961）引用于 Hughes，1998：193。

读过本章早期草稿的人士当中，有人在原稿上写了这段评语：

> 我已经把你的文意读过三遍。我发现，每次阅读，我一开始读到那个字都觉得震惊、不自在。第一次碰上它时，那感觉简直像眼球都为之震动。但读到半途，它的震惊值便已减退，读到最后，**屄**在我看来已跟其他字没什么两样。

您，我的读者，在遭遇过几十次屄字之后，现在可能也有同感。你可能一开始也觉得震惊，尽管你实在不能抱怨遭受意外创伤（或者提出控告要我赔偿损失），因为，毕竟你买下这本书时便已相当清楚会读到什么东西。不过，你仍然处于最适合评判的位置，可以判断我对震惊渐减（也就是麻木效果）的理论是否有道理。

如果一个字使人震惊，就必须保持该字的禁忌。人们愈常听到某个字，其禁忌就愈弱，震惊值也因而愈低。稍后讨论干时，我们会谈到，若一个字被过度使用、导致几乎所有震惊力道都流失，会产生什么情形。

专门钻研咒骂的少数语言学家已辨认出意义强度与使用弹性之间的相互关系。换言之，一个词语愈是变得充满情绪意涵，可以达成的文法范围就愈广。杰佛瑞·修斯对咒骂的力道与弹性做过一份详细研究，以极为精准的分类法，列出八种使用范畴[1]，

[1] 修斯的八种使用类别可见于 Hughes，1998：30－31。

将以下这些咒骂词语归纳其中——**该死**、**干**、**屄**、**屎**、**屁**、**尿**、**鵰**、**王八蛋**、**屁股**和**屁眼**。我们不离题太远，这里且用**干**字说明修斯那八个范畴，有助于接下来的讨论。

第一个范畴很单纯，就是“个人”，直接对对方发话：“你”+咒骂语——“You fuck!”（你这个浑蛋东西!）[1]这在美式英语中最为普遍。第二个范畴是“指称个人”，咒骂者提及某个可能在场、也可能不在场的人事物——“The fuck!”（那个浑蛋东西!）这范畴的变奏包括表示惊讶的问题：“What the fuck?!”（他妈的搞什么啊?!）或者“Who the fuck?!”（他妈的谁啊?!）第三个范畴的名称挺可爱，叫作“目的地”，表示咒骂者希望被骂的对象被带到或自行移到别的地方去——“Fuck off!”（他妈的滚开!）第四个范畴叫作“诅咒”，直接又清楚——“干你的!”

第五个范畴是用作“表示愤怒、烦躁、挫折的一般情绪字眼”——例如踢到脚趾时简单的一句：“干!”第六个是“表示愤怒、烦躁、挫折的特定情绪字眼”——“干它的!”在大多数情况下，这跟第五个范畴都能互换，不过很清楚的是，加上受词（“它”）之后，语意变得更贴近动作的此时此地，而我们知道，至少在咒骂时，即时贴近永远能加强力道。第七个范畴是保留给可以形成动词片语的字：我们大可以 fuck about、piss about、

1 中文的“干”字没有前三个范畴的用法，为了保持此处说明的一致性，便保留原文，后加以简单的意思说明。

bugger about[1]（不过，因为**屄**不是动词，我们不能 cunt about）。

第八也是最后一个范畴，指的是一个字“延伸为形容词的能力”，主要是以后缀“-ing”（如“fucking”）或“y”的方式形成（如“shitty”）。目前“fuck”不能后缀“y”，但这并不表示以后也不能（咒骂国度，一如语言的其他任何面向，都时时有所改变。我记得第一次听到“It sucks”［有够烂］时多么惊讶）。

屄似乎是“强度与弹性有所关联”的这条普遍规则的一个重要例外[1]。它可说是英文中最充满情绪的禁忌字眼，然而并没有转移到动词范畴。如我们不能说“屄开!”“屄你的”“去屄吧”，或“屄你自己吧”。一般而言，**屄**也不能当形容词，用来描述某物为“cunting X”或“cunty Y”，尽管“a count of a”（好个什么什么）这短语也可达成形容词的功能。

尽管略可当作形容词，但**屄**多半仅限名词，而且就算当名词用也有若干限制。它可以有复数形（“你们这些屄”），但远不如单数常见。受限于名词特征，**屄**因此只能用于修斯的头两个测试范畴——个人/直接的（“你这贱屄!”），以及指称个人的（“那个贱屄!”）。**屄**之所以能保持如此恶毒，有可能是因为它的用途主要限于名词。就某种意义而言，**屄**的文法限制与其仍然保有的

1　这三个短语都有“胡搞”“闲混”“瞎忙”之类的意思。

［1］尽管**屄**的用法照理说并不弹性，但一位提供资料的人士宣称，“cunting”在英格兰北部使用得极为普遍，尤其是在约克郡，几乎已可跟**干他妈的**（fucking）互换替代。

情绪强度之间，可能有反身关系。也许个中有个“我多样化，故我失去恶毒性”的原则在默默运作。

再一次，我们可以用干来说明这一点。当字词跳入其他类别，变得愈来愈普遍，从“禁忌”范畴变成“俚语”范畴的时候，某种漂白过程似乎也随之发生。由于这些字词过度曝光，我们变得习惯了，不再出现震惊又惊恐的反应。毕竟，如果某个字到处都听得到，各种情况都用得上，就不太可能再造成震惊，即使听的人是称职咒骂者向来知道在其面前要收敛、不能口无遮拦的对象——老祖母、老处女姑姑阿姨、小学校长等等。

日前我听到一个十六岁女孩跟同龄朋友讲电话。我记下我能听到的这一方所说的话，然后询问该女孩，重建起另一方的谈话内容。

该段对话如下。“B”是我能听到的部分：

> 1A：你有没有听说，十八号星期六那天罗德甩了琴咪？
> 2B：干！不会吧。真的吗？
> 3A：对啊，我是这么听说的。
> 4B：我的天哪。干！谁告诉你的？
> 5A：辛希雅。她当时在场。
> 6B：干！真有够烂的！干！
> 7A：对啊，琴咪真的很难过。
> 8B：干，对啊！谁不会啊！

9A：对啊。

10B：我的天哪。我的天哪。干。真糟糕。

对 B 而言，**干**发挥了几种功能。它是惊叹号，让她表达惊讶；也有填补空当的功能——制造暂停，给她时间说出接下来的话，而不会错失轮到她的发言机会。出现的次数之频繁（且意思等同“我的天哪”）使它变成一种标点，表示对话的这回合轮到她了。在第六回合，这个字既标示开始也标示结束。显然对这些女孩而言，**干**的原始意义及禁忌早就荡然无存，现在它只是用来标示团体成员，让她们加强自己归属于少女此一族群的感觉。

然而**屄**仍保留了原先使人震惊又惊恐的能力。有个好方法可以测试这一点，就是看媒体如何处理某个字。大部分平面媒体仍不肯印出**屄**字，改用相当富有古趣的星号替代法（c***）。相信很多人会记得，当初**干**字也是这样处理的。

口语脉络的形式则是“c 开头的字”，而这方式本身就颇异常。c 当然代表**屄**（cunt），但它念作“see”，跟 silly（傻气）的 s 一样发软音，而 cunt 的 c 则是发硬音，跟 cat（猫）、car（车）、crazy（疯狂）、cunnilingus（口交[1]）的 c 发音相同。这种混淆使此一代称多了点诡异的味道。如今“c 开头的字”一词有时被刻意用来指别的意思，同时又利用到原先意义的互文性

1 特指男对女。女对男之口交则称为 fellatio。

(intertexuality)。比方《悉尼晨报》(*The Sydney Morning Herald*)之《明镜》(*Spectrum*)的一份特别报道就被称为“那个C开头的字”，不过这里c代表的是“竞争”(competition)，将其标示为“姊妹情谊的最后一项障碍”[1]。

长久以来女性都注意到，这个“她们的字”最常被男性使用，且大部分用在全是男性的场合。而这一点也更增女性偶尔说出此字时的挑衅力量。在这种时候，人们会意识到这是一个外来词，直接取自仅限男性使用的论述，仿佛它来自超出女性化的范围，因此打破了另一个禁忌。

偶有证据显示，女性试着重夺这个她们的字的使用权。在这种时候，此字不是用来表达愤怒或者辱骂，而是用作外延的描述性意义，刻意去除它内包的情绪性意义。在此屄带有某种神秘意味，是最精华的女性空间，不需要解释、辩护、找理由，甚或为了那些把女性等同于不理性的人而加以“理性化”。

若女性可以重夺此字作为“女人语”的一部分，就能颠覆男性加诸此字的恶毒意味。有些女性主义者主张：“要改变该字含有的某些错误贬抑的信息，就要改变它的用法……拆除它的引信，如此一来便能颠覆将莫须有或不必要的负面意义加诸字词的文化。”[2]

屄的外延用法是更广泛的解放——语言学策略的一部分，让

[1]《悉尼晨报》之《明镜》，2003年9月6—7日。

[2] Saunders，http：//www. shoal. net. au/～sandral/WIF6. html.

“某某歧视行为”（性别歧视、种族歧视、帝国主义歧视等等）的传统目标，以大量运用压迫者的语言的方式来抵消该种语言的力量。比方“酷儿”（queer）一词本来具有恐同（homophobic）含意，现已被男女同性恋者采用，如今很多人描述自己的性别认同时偏好以这个字取代“同志”（gay）（但我在此并非表示“同志”和“酷儿”二词可以互换使用）。在电影《震撼教育》（*Training Day*）中，黑人演员丹佐·华盛顿（Denzel Washington）的角色将“黑鬼”（nigger）一词据为己有，用来辱咒（“我的黑鬼”）一名交给他训练一天的白人菜鸟警察。这种辱骂方向的反转显示权力的反转，正是此一解放策略的有力例子。

有些女性积极使用屄，希望能改变用法与态度，尤其为了让女孩成长过程中不至于“相信自己身上有个恶心的东西，也不要让男孩……相信自己由之出生的部位是全世界最难听的骂人话”[1]。例如洁曼·葛瑞尔从20世纪70年代起就常说写此字；她在《女太监》（*The Female Eunuch*）一书中痛批人们将插入作为性交的定义（戴尔·史班德［Dale Spender］曾说过一句名言，如果你一心只专注于后面的事，那么“前戏”就只是前戏而已），之后在《完整的女人》（*The Whole Woman*）中又批判医学父权以戳探方式压迫被建构为被动的病人。葛瑞尔视身体为“女人奋战争取解放的战场”，而一部分的解放来自去除由于生殖器位于隐蔽内

[1] Saunders，http：//www. shoal. net. au/～sandral/WIF6. html.

部而造成的神秘感（也就是“无知”）[1]。

打赢这场战役的方式是使用这个字的外延意义，久而久之便能消除它的内包信息。她劝我们“去喜欢这个字。这是个好字……不必用来描述你不喜欢的人、你讨厌的工作、发不动的车……高兴地用它，别羞耻地用它。”[2]然而有些女性似乎不需要用政治手段改造此字。有位芬兰女性对芬兰语的屄是这么说的：

> vittu 是……一个古老的字，在芬兰民俗传说中耳熟能详，（也是）我们最狠毒的一个咒骂词。年轻人特别爱用，像标点符号一样穿插在言谈中，让年纪较大的人听得非常刺耳。跟父母讲话时若不小心冒出一句 vittu，简直就像嘴巴里跳出青蛙，是情节严重的错误。这字已发展出许多衍生词，包括表示“觉得很烦”的动词，以及表示“不友善”的形容限定词，还有无数生动的短语。其中最有诗意的八成就是表示惊叹的 vittujen kevät！（“众屄之泉！”）[3]

这位作家接着又说，以“去 vittu 里滑雪”来骂人“是芬兰特产。连挪威都没这种说法”。够不一样了吧。

然而，如今仍然未到女性广泛使用屄作为反性别歧视运动之

[1] Greer，1999：106.

[2] Saunders，http：//www. shoal. net. au/～sandral/WIF6. html.

[3] Malmberg，http：//www. kaapeli. fi/flf/malmber. htm.

一部分的地步。此字仍然是个极端的咒骂词，代表邪恶、不公、不光明正大、极为低劣之意。我们仍然不太能醒悟：男人用来表示阴道的字词绝大多数都很恶劣（朋友跟我分享过一个罕见的亲昵用语，叫“朝鲜蓟”，另有“耶路撒冷朝鲜蓟”，指的是犹太女性的阴道）。此外，“女性依然缺乏词汇来形容自己的身体部位，依然因为**屄**的言外之意而却步”[1]，也是令人忧虑的。

真正有趣的问题在于，一个表示女性生殖器的字为何具有如此力量。一种传统论点认为，女性生殖器由于“隐蔽”，因此有狡猾（cunning，与 cunt 相关?）及不光明正大的内包含意；由此，就很容易变成“坏”，尔后是“邪恶”的意思。毕竟，传说中是夏娃引诱亚当吃禁果的。

这种说法尽管合逻辑，但似乎倒果为因，为一个极具象征意义的东西寻找字面上的解释。毕竟，如果重点仅在于“看不见”，那么中耳也是隐蔽的部位，但再怎么遭到万般挑衅，也很少有人会用它来骂人吧。

隐蔽的这个概念，也指出男性对女性的畏惧。个中意味在于，从中古世纪一直到 19 世纪——也许其后亦然——男性一直畏惧女性性征的未知特性，尤其是她可以在受孕一事上欺瞒男性的这一点。**屄**是欺骗和背叛行为发生的地方，此外，当然，与这种畏惧密切相关的，还有男人对于被婚姻困住的畏惧，以及对于女人不

[1] McConville & Shearlaw，1984：23.

贞可能造成他损失财产（也就是他妻子!）的畏惧。把这些加在一起，就足以让男性的自我感到备受威胁，必须嘲弄诋毁女性的最基本特质。

你认为这太牵强了？另一个更简单、也许更说得通的解释，可以在父权社会的权力中心找到。既然权力中心操在男人手里，也既然他们有能力将外包指称最私密女性部位的字用作最难听的辱骂词，因此他们便这么做了。

就像那个老笑话：公狗为什么舔自己的卵蛋？因为它舔得到。

野性难驯

他妈的这么多水是哪儿来的？

——泰坦尼克号船长艾德华·约翰·史密斯

堪称四字词代表的**干**有着很有趣的历史，其中大部分，包括其语源，仍充满门外汉猜测。尽管它是个重要的咒骂词，来源却不明，造成众多臆测与迷思。

要解开它语源的谜团并不容易，因为，就如我们讨论**屄**时所谈到的，禁忌字眼的证据多被埋没或压抑——字本身被压抑，相关的资讯亦然。辞典编纂者都不太愿意收录及讨论**干**。因此关于此字的来源有许多理论，也就不足为奇。

此字最可能的来源在于英文的欧陆亲戚——拉丁文的 futuere（或 pungere 或 battuere）、法文的 foûtre、德文的 ficken。这些字都有两种脉络意义：第一种涉及肢体暴力（打、搥、敲或击），第二种则指进行性活动，或者换个我在《X档案》（*The X Files*）里听过的说法，叫作“做那档野性难驯的事”。修斯说：“（尽管）有些人或许会觉得击打、钻凿和做爱是相当不同的事……但这些显然有深层的隐喻意义。”[1]

一些讨论咒骂的作家，包括蒙特古，认为**干**的组成混合了拉丁文（“fu”）和德文（“ck”），“结合前者的元音和后者的辅音”[2]。说得漂亮，但是否正确？杜林说**干**跟一个分布广泛的日耳曼语系字形有关（中古荷兰文的 fokken、挪威语的 fukka、瑞士语的 focka），那些字都有打击、戳刺、推进之类的意思[3]。

如果语源可以靠个人偏好来决定，我们或许可以为那些对性禁忌字眼另有暴力意涵感到不自在的人提供比较吸引人的不同解释。他们或许会比较乐意接受梵文的 ukshan（“公牛”）或粤语的 fook（“福”）。

关于**干**的“根”源（抱歉），似是而非的门外汉迷思所在多有。其中很普遍的一个看法是，**干**跟其他大多数四字词都源自盎格鲁-萨克逊语[4]。这是个容易但错误的断定。修斯指出，源于盎格鲁萨克逊语的字仅限于**屎**、**粪**（turd）、**屁股**以及或许**屁**，显示

---

[1] Hughes，1998：27.

[2] Montagu，2001：307.

[3] Dooling，1996：32.

[4] Goffman，1981：114. 另见 Hughes，1998：35.

出特别强调屎溺[1]的倾向，而**尿**则来自诺曼底法语。至于**干**、**大便**（crap）、**玻璃**（bum）、**屄**和**蠢蛋**（twat），则属于“来源不明”类。

将下流字词等同于盎格鲁-萨克逊，这种错误观念连许多受过高等教育的圈子都流传甚广。1933 年，兰登书屋因出版詹姆斯·乔伊斯（James Joyce）的《尤里西斯》（*Ulysses*）而遭美国检方控告妨害风化，在此一著名案件中，伍尔西法官（Judge Woolsey）认为所谓的“脏”字其实是耳熟能详的“古老萨克逊字词”。1959 年，做出有利于《查泰莱夫人的情人》判决的美国法官，也提到“盎格鲁-萨克逊的四字词”。尔文·高夫曼《谈话的形式》（*Forms of Talk*）一书提到“指称生理功能的盎格鲁萨克逊字词”，更加强了这种迷思的可信度。

另一套理论认为**干**是缩写，“代表不合法的肉体知识”（for unlawful carnal knowledge），可能来自警方用语。唔，警方讲什么都有代码。在电视节目里，他们总是从警车无线电接收到各式信息——“有抢案正在进行”“有警员受伤”——但每个信息都自有一个**数字**代码。我的重点就在这里。这些代码通常是数字而非字母缩写，因此**干**之为警方用语的可能性相当低。但这套理论有不止一个版本。

1　原文 scatological 来自 scatology 一字，本指“粪石学”，在本书中则指与排泄物相关之意。姑借庄子“道在屎溺间”一语译为“屎溺”。

罗杰斯（Rodgers）认为，19世纪初的海军舰长习惯在航海日志里缩写“代表不合法的肉体知识”[1]。多年前，有个比我大一点的青少年告诉过我另一个版本，其要义大致为：在中古世纪，偷尝禁果的女孩一旦事发，就会被处以游街示众的公开惩罚，而城里的大声公[1]则会敲响大钟，慢慢清晰喊出F. U. C. K，围观的每个人都了解这指的是“被发现处于肉体知识之下”（found under carnal knowledge）。我不记得自己曾经质疑“之下”这个介词的奇怪用法，或者想知道为什么只有女孩要受这种待遇，她们的性伴侣则否。但当时我年纪还轻，而这个信息是以那种噤声悄悄话的语气传达，让人不太能进一步寻求解释。

一个更早、更有名但不见得更说得通的理论，来自大疫[2]期间颁布的一道王室敕令，认为这四个字母代表“奉国王之令交媾”（Fornicate under Command of the King）。修斯对此理论不以为然，质问“生殖繁衍何以会变成钦定命令的行为，又为何用如此难解的方式发布”[2]。他接着猜想，“查理二世比较可能说出类似李尔王那句凶狠的命令：‘尽管去干那一套勾当吧！’[3]”。

无论如何，干的语源仍无定论，这都是拜数世纪以来的“文

[1] Rodgers，引用于McConville & Shearlaw，1984：82。

1 town crier，昔日专门负责在市镇街头宣读公告的人。

2 Great Plague，指1664年末至1666年流行于伦敦的瘟疫，全市46万人中有7.5万人死亡。

[2] Hughes，1998：24.

3 《李尔王》第4幕第6景。此处引文出自方平所译之新莎士比亚全集29，页166（木马：台北，2001）。

字盖世太保”所赐[1]，他们把此字剔除在辞典外，有效地让我们没有条例引文可供研究，无法更有系统地彻底追溯此字的历史。

干虽受欢迎，但并非四字词的唯一上选。研究者昵称的“六大”究竟是哪六个字词，各家权威说法不一，但通常包括**干**、**屄**、**老二**（cock，或者也可说**屌**）、**屁股**、**屎**和**尿**。这些都是单音节[1]的四字词，都——如我们先前谈过的——被误以为源自盎格鲁-萨克逊语，也都——至少名义上——跟下半身的生理功能有关：前三者涉及性，后三者涉及屎溺。

若说众人一般同意**屄**是负面意义最强的字，**干**则无疑是最多产的。根据佛列瑟纳（Stuart Berg Flexner）的说法，**干**从19世纪初开始被广泛用作情绪字眼[2]。但**干**真正飞黄腾达，则是解放运动盛行的20世纪60年代之后。仿佛为了抢搭这班便车，服饰品牌FCUK（Stuart Berg French Connection United Kingdom）大摇大摆利用该公司看似巧合的缩写字母，将“他们的字”大肆炫耀在产品上，助长了普遍化的麻醉效果。稍后我们讨论人们如何软化咒骂词时，会再谈到这一点。

然而，早在20世纪60年代之前，**干**便已牢牢抓住了人们的注意力。有些人把它的广为流传归因于军队。若说法国大革命的

---

[1] 这是杜林发明的词，1996：32。

1 当然是指英文的情况。

[2] 此段资料来自佛列瑟纳所著之 *I Hear America Talking*（该书其实也大可叫作 *I Hear America Cursing*），引用于Jay，1992：74。

理想是借由拿破仑军队的刺刀传播，那么我们或许可以说，全世界对干的偏好则是由美国海军陆战队在二次世界大战的战场上传播的，最起码的一个例子便是诺曼·梅勒（Norman Mailer）的《裸者与死者》（*The Naked and the Dead*）。蒙特古写道，对处境险恶、离乡背井的美国大兵而言，“有这么个情绪字眼可用是一种无可比拟的福气，尤其是除此之外他几乎一无所有”[1]。若说海军陆战队员开启了这股风潮，推波助澜的则是好莱坞以及日后的网际网络。

军队与咒骂关系密切，此一现象绝非仅限于盎格鲁语系。《不知名的士兵》（*The Unknown Soldier*）一书于1954年初次在芬兰出版，造成群情哗然，芬兰作家伊卡·玛尔堡（Ilkka Malmberg）对此事的评论是：

> 此书的自然主义激怒了一个正从战争中逐渐复原的国家。这本书最惹麻烦的面向之一是士兵们用语不雅。他们随口诅咒，造成群情哗然。我们的英雄才不会咒骂！他们当然都会咒骂，在他们的壕沟和散兵坑里[2]。

事实上，干已变得如此广为使用，以致如今，至少它的形容词形态（**干他妈的**［fucking］）已经不太算是咒骂词，而是“一

[1] Montagu，2001：314.

[2] Malmberg，http://www.kaapeli.fi/flf/malmber.htm.

种标示，说明接下来那个名词的性质与色彩”[1]。卫兰·杨在《遭阻的情欲》（*Eros Denied*）一书中说明这一点，引用了以下这段据说出自澳洲的话[2]：

> 一天早上，天气干他妈的好，干他妈的阳光普照，我走在一条干他妈的乡间小路，遇见一个干他妈的女孩。她真是干他妈的可爱，所以我们干他妈地聊起来，我跟她来到一片干他妈的原野，翻过一道干他妈的围栏，然后我们性交。

你几乎想同情那个活泼的小伙子：及至要描述或表示性行为本身时，他竟找不到一个适合的字词，能配合整段话的语域和情境。

这个老笑话也传达了相同的意思：

> 一个男人刚听说他最好的朋友跟他太太有染。那晚他在酒馆喝得大醉，说：“我干他妈的要杀了那个干他妈的家伙。干他妈的王八蛋怎么敢跟我干他妈的老婆性交？”

前文已经提过，在若干现代辞典中翻查干，都能找到它的各

---

[1] Montagu，2001：314.

[2] 卫兰·杨所举的生动例子引用于 Montagu，2001：314－315。

式精彩用法。随手举几个例子：《柯林斯辞典》《钱伯斯》（*Chambers*）《牛津》《麦克瑞》《新世纪经典美语大辞典》（*American Heritage Dictionary of the English Language*）等，都列出了此字的多种形式。然而在如此众多罗列的项目中，你感觉不出此字过去几百年来多彩多姿、有时变化多端的历史。这历史的一点余绪或许还能在微软"拼字检查"的语言审查功能中找到。当我拼错 fucking 时，该软件给我的选项如下：tucking（塞）、ducking（躲）、bucking（撞）、funking（畏缩）、tuckering（打褶）、fluking（侥幸成功）。没有 fucking。

发现微软可能借此进行某种社会工程，我兴奋之余故意拼错**屄**（cunt），果不其然，它列出的其他选项是 cone（松果）、cane（手杖）、cave（洞穴）、cue（撞球杆）和 cube（立方体）。然后我忍不住又拿**尿**（piss）、**屎**（shit）和**屁**（fart）来测试这个假设，结果分别是：

> pies（派）、pips（籽）、psi（Ψ，希腊文第 23 个字母）、pins（别针）和 pish（呸）（顺带一提，最后这个字是意第绪语的尿）；
>
> shott（北非的浅盐湖）、shift（转移）、shirt（衬衫）、shot（射）和 shut（关闭）；
>
> forte（强项）、fate（命运）、fare（费用）和 farce（闹剧）。

经过这连番研究，我不禁纳闷——比尔·盖茨（Bill Gates）是不是在拿肥皂洗全世界讲英文的人的嘴？（诡异的是，盖茨校长的“拼字检查”并不会把“十二脏肖”的任何一个标示为拼字错误，所以它们也是他词汇的一部分——只不过当你不小心或刻意拼错这些字时，软件不会提供你正确拼法而已。）

时光倒流五百年，我们发现**干**这个动词和名词，以及**干他妈的**这个形容词，高高兴兴、百无禁忌地四处现身在苏格兰的诗句和民谣中。例如亚历山大·史考特（Alexander Scott）就写了这首毫不顾忌的色迷迷的诗[1]：

再会吧贞洁
当姑娘们降服于爱抚
她们那些小伙子用三招
玩闹中对她们这么着：
又抱又摸又扯
第四样呢老实说？
就是要逗得她们干一场

蒙特古半开玩笑地猜测，也许是苏格兰人的勤俭天性使他们选择了简短的**干**，而不用其他比较不那么经济的委婉语。

---

[1] Montagu（2001：308）引用这段口无遮拦的文字，作为苏格兰人天生勤俭节省、就连咒骂亦然的例子。

如今很难确定当初发生过什么事，但总之到了1575年，干差不多已在印刷品上绝迹。干与印刷媒体的关系固然有趣，但我认为更妙的是此字与早期及后来的辞典编纂者之间相当痛苦紧张的关系史。

首度收录干的，是约翰·弗罗里欧（John Florio）的意英辞典《字词世界》（*A Worlde of Wordes*，1598），将其列为等同于意大利文 fottore 的五个字之一。在此我不打算猜测，意大利的男性雄风是否跟此字这么早出现有关。然而，之后过了将近一百年，这个字才依照正常字母顺序出现在英文辞典里——史蒂芬·史金纳（Stephen Skinner）的《英语语源》（*Etymologicon Linguae Anglicanae*，1671）。如此看来情况似乎开始改善，但1755年约翰生（Samuel Johnson）又开了倒车，他编纂的《英语辞典》（*Dictionary of the English Language*）略过这个字。据说有位女士恭贺他避而不收录不雅字词，而他回答："这么说来，那些字你都查过啰，女士？"光凭这句妙答，我们或许就可以原谅约翰生博士的假道学做法。

五年后，马强（Marchant）与高登（Gordon）编纂书名奇怪的《全新完整英文辞典》（*A New Complete English Dictionary*），也依循约翰生的前例，"特别小心排除意义涉及任何不妥，或至少倾向于腐化年轻人头脑的字词"[1]。1775年，约翰·艾许（John

[1] Montagu，2001：304.

Ash）选择将干收录在他的《完整新辞典》（*A New and Complete Dictionary*）中，列出此字的数种定义，并将其描述为“低级”“粗鄙”用语。

1785年，姓名合适得出奇的法兰西斯·格罗斯（Francis Grose）[1]编写《标准粗口辞典》（*Classical Dictionary of the Vulgar Tongue*），其中收录了干，但拼成“f**k”。日后许多辞典编纂者也有样学样，用这套逃避策略来两全其美——一方面收录这个字，另一方面却又让人看了念不出来，或者使发音变得与原先单音节的简短爆发相去遥远，由此清除这个字的禁忌成分。世上要是没有星号，审查者岂不顿失所依?

1936年，艾瑞克·帕崔里吉出版《英文俚语与非传统用词辞典》（*Dictionary of Slang and Unconventional English*）时，终于克服了他所谓“本能的嫌恶”，将干收录列为“f*ck”[1]。这样的做法没有逃过法眼：许多人向警方、学校及图书馆投诉，于是一直到20世纪60年代末之前，这本参考书都被锁得牢牢的，要特别申请才能阅览。这是不是如今少女杂志中有时会出现的封住书页的早期前身？如果这做法算是进步，进步在于此字获准只夹一个星号出现。仍然无法发音，但慢慢接近了。

相对的，1884—1928年间出版的《牛津英文辞典》都不肯与粗话沾上半点边，不管有没有星号。1933年出版的增订版

---

1 此人姓名原文为Francis Grose，字形接近frank（坦白）与gross（粗俗、恶心）。

[1] Partridge引用于Montagu，2001：306。

（*Supplement*）仍然有此禁忌。就我了解，牛津出版社于20世纪70年代初解除这项禁令，不过1988年的《牛津英语语源辞典》（*Oxford Etymological Dictionary of the English Language*）仍未收录此字。

韦布斯特（Webster）拒绝收录**干**，不过其他四字词倒不受影响。1962年版的《韦氏国际新辞典》（*Webster's New International Dictionary*）仍未收录此字，出版社所持的理由是务实的，而非就辞典编纂甚或道德意义来考量：若收录这种字，一定会招致舆论强烈反对，他们怕因此影响销售。这样的生意算盘一直是影响社方决策的主要力量。

兰登书屋的《英语辞典》（1966）省略了所有所谓的四字词，尽管前言中宣称该社一心要"精确记录"任何人看到或读到的语言。不过我们不能怪那位烦恼的可怜编者，他确实尽了力。决定省略那些字之前，他与一群编辑和销售经理开会。大家都同意坏字词也是字词，应该收录，但编者注意到与会的人都无法真的说出那些坏字词，而且只要一提到任何所谓的坏字词，大家就"顾左右而言他，尴尬万分"。他显然基于这些态度做出结论，认为大众还没做好心理准备，无法接受绝对精确的语言纪录。

由于**干**和**屎**都跻身于英文最常用的三千字之列，上述这些禁令就显得十分奇妙[1]。值得注意的是，辞典编纂学的发展——尤其是使用电脑化的资料来编辞典——造成了脏话政策的重大改变。

---

[1] Hughes，1998：271.

如今编者可以相当准确地判定字词的使用频率，因此定义也随之改变，强调的是当下用法而非历史。此番转变包括了“现在”因素以及口语因素——两者都比历史及书面因素优先。

我们可以用**王八蛋**（bastard）一词在短短13年间的经历，来说明这种从书面/历史转向口语/当代的转变。1982年，《牛津简明辞典》（*Concise Oxford Dictionary*）将**王八蛋**的主要词义定为“非婚生子女”。1995年，《朗文当代英文辞典》（*Longman Dictionary of Contemporary English*）列出了四个词义：第一个词义标示为“俚语”，“用来骂你所讨厌的人，尤其是男性”；第二个标示为“口语”，是“侮辱或开玩笑的说法，用以称呼男性”；第三个标示为“英式用法”，代表“造成困难或问题的事物”；第四个标示为“旧式用法”，指“出生时其父母并未成婚的人”。

电脑化的资料及字词使用频率数据，带来一个两难问题。我们是否应该将这种近年来才有的资料，视为显示大家对语言的态度日渐宽松？毕竟，在同样的这段时间里，泳装都已从上及脖子、下及脚踝变成连身，再变成比基尼，再变成上空，再变成什么都不穿——宽松的语言态度，是否只反映性爱道德观的改变？另一种看法是，这些资料只不过为辞典编纂者提供统计数据，使他们能正式证明若干关于语言的大致变化倾向，这些倾向原先便已存在，但一直无法加以记录，因为受限于早年人们对合宜有礼行为的观点[1]。

[1] Hughes，1998：271.

电脑化资料的采样范围非常广泛，因此辞典编者及出版社无法再像过去那样大肆宣称，“不合宜”的字词只是社会最低阶层的产物。例如1887年的《牛津英文辞典》便将**天杀的**（bloody）列为“低劣用字”，为正派人士所不取。大约同时，法莫（J. S. Farmer）与亨利（W. E. Henley）在长达七卷的研究著作《俚语及其同源字词》（*Slang and Its Analogues*）中，叹息**天杀的**“一再发自伦敦粗人的口中”，“频繁得令人生厌”[1]，并表示无法给这个词做出任何定义，就连“粗鲁的定义”亦然[1]。

时至今日，充斥于辞典定义、描述谁对谁说什么的那种大摇大摆的精英主义已不复见。这并不表示我们对别人说话的方式——其中许多都有阶级因素——不再抱持偏见。彼得·楚吉尔（Peter Trudgill）很早便说过，如果你不喜欢某人的口音，八成是因为你不喜欢那人的价值观[2]；他认为语言偏见绝对与阶级歧视密不可分。语言与身份认同密切相关，阶级、性别、种族及年龄都是主要的社会语言变数，会对语言产生影响。这点仍未改变——只是我们表达偏见的方式受到了政治正确运动的影响。

尽管大部分现代辞典差不多都已收录了**干**（我说“大部分”，因为《韦氏国际新辞典》在“fuchsia”［紫红色］和“fuddle”［狂

[1] Farmer & Henley，《俚语及其同源字词》，共七卷（1989［译按：原书即如此］-1904），引用于 Hughes，1998：271。

1 此处“粗鲁的”一词原文为 sanguinary，该字亦有“血液的”之意，恰好与 bloody 一字的另一义“血腥的”相互呼应。

[2] Trudgill，1975：29.

饮] 中间仍缺了一个字），但对它的标示则各大异其趣，多得令人目不暇接："禁忌""口语""俚语""非正式""粗俗"只是其中几个例子。我最喜欢的是《钱伯斯》，它似乎想把所有定义一网打尽，将干描述为："字源古老，长久禁忌，用途极广，仍为粗话。"

对于要不要在书中收录不合宜的字词，辞典编纂者煞费思量，而这些各式各样的"标示"可能是这段多彩多姿历史仅存的唯一线索，就像人类的尾骨没有什么用处，但显然是我们演化过程的线索。需要把震惊与恐惧因素列入考量的年代显然已经过去了。

杜林俏皮地写道，此字应该附加以下警告：

> 警告！此字通常被视为猥亵。切勿在家中尝试使用干……切勿移除此一标示！有造成震惊的危险[1]！除非持有语言学技师证照，切勿打开或自行尝试维修此一字组……若使用此字长达 48 小时，请尽速就医[1]！

有些人会打电话给辞典出版社，要求下一版不收录"癌症"这个词；同样的，人们对干出现在辞典正式崇高的书页上的态度显示了一项古老禁忌的残余力量。但这禁忌还能持续多久？或许我们可以预测它的力量已经日薄西山，很重要的一个原因在于它

---

1 原文 risk of shock 通常为警告有遭到电击的危险，但 shock 亦有震惊之意，因此在这里是一语双关。

[1] Dooling，1996：26.

随时随地被使用，不仅没什么人去注意它的指涉词义，连它的情绪性力道都已快要竭尽。

罗伯·德赛（Robert Dessaix）表示："也许大众品味的脸已经被掴得麻木了。"[1]诸如"干他妈的那个干他妈的家伙就是干他妈的不肯干"这种例子，给我的感觉是如今需要四个相当疲乏的干，才能达成某段时日之前一个精神抖擞、大胆轻佻的干所可能达到效果的几分之几而已。

然而，先别急着眼泪汪汪，我们得承认干这一场的纪录相当辉煌。无论如何，它的力量只存在于其所蕴含的禁忌，而那禁忌已经每况愈下。也许它正再度改头换面，改变运作方式。假以时日，干八成会被其他更直接有力的字词取代。

结果？愈来愈干不动的干。

---

[1] Robert Dessaix 于 Radio National 的 *Lingua Franca*，"Swearing"：http://www.abc.net.au/rn/arts/ling/stories/s1154069.htm.

屎有所闻

随便哪个干他妈的白痴都搞得懂。

——爱因斯坦

肮脏事“**屎**”有所闻。这点我们都知道，但是，老实说吧，我们都宁可不去想它，而这也其来有自。有些生理功能是不好在正经场合讲的：这些话题引发的反应包括“冒犯”“令人作呕”，以及“恶心”。屎是一种最好避免的东西，万一无从避免，也要谨慎周到地加以掩饰。

然而小小孩——祝福他们——对于会让大人脸色发白的东西都着迷不已。我去过波士顿儿童博物馆，那里其实应该叫作“波士顿无论年龄大小都满怀好奇者博物馆”，当时我儿子大约六岁。我们在那里待了一整个下午，迟早需要去上洗手间，结果那个地方——也就是一号——跟博物馆里其他地方一样富有教育意义：墙上挂了一张图表，以 3D 立体方式展示许多不同动物的粪便。

每一坨假粪便（或说“便便”）——我心想，不知这些东西跟日本餐厅外的食物模型是否使用相同的制作材料——都附有说明，描述这是，比方说，松鼠便便或者水獭便便。图表挂的位置正适合坐在马桶上的小孩一边看得津津有味，一边，呃，忙着进行生理功能。可以说，如此安排为这两种活动创造出美好的一致性。我记得当时心想，这种讨论便便的方式由于是针对儿童，因此得以跳出传统禁忌，使用不负面、不贬抑的语言。事实上，没有了禁忌的重担，好奇心便得到了滋养及助长。

日前有人向我提及另一份图表，用在病人大多上了年纪的医院[1]。图表上同样列出粪便，但这次是人类粪便，而且只有平面图画。这份图表的用途是让病人“描述”自己的排便情况——这恐怕是年长者比较常需要做的事——而不必真的自己寻找字词来形容，只须伸手指出最近似的一张图即可。有点像选择题。据说大部分人对此图表都反应良好，除了胃肠科医师，他们说它“恶心”。

是的，肮脏事屎有所闻，但要谈它很难，因为，等你年纪大到会生病住进医院、面对这样的图表时，你已经完全社会化接受

[1] Alan Sennett 与笔者的私人通信，2003 年 10 月。

该项禁忌，几乎不可能泰然自若讨论自己的生理功能。必须讨论这个话题，描述它的颜色、形状、软硬等等，可能根本难以启齿。当然，医生护士已经发展出一套委婉的临床词汇，以方便这类交谈（“排粪”“解便”“生理废物”“排尿”“排气”），也建立起一套副语言（paralinguistic）的举止——不显露出震惊或恶心的高超能力——帮助他们进行对话。

为人父母者处理这种话题的典型方式是采用儿语，用幼稚词语包裹恶心的东西，认为由此可去除令人恶心的因素。杰玩笑举出的例子便触及这一点[1]：

祖母：“猫咪在猫砂盆里便便了。”

四岁小孩：“奶奶，你是指粪便，是不是？”

希腊文的**屎**（skat）给了英文“scatology”（粪石学）这个字。希腊文用不同的字表示人类和动物的排泄物（后者等于英文的“dung”），skat 指的是人粪。许多语言——包括拉丁文、英文、日文、意大利文等——都有这种分别。英文“scatology”一字是人类排泄过程与产品的正式名称。乍看之下，似乎不需要有这样一个字存在，我是说，它一定不包含在你最常用的两千个字里吧？但若思及对排泄物抱持职业兴趣的人不在少数，这术语的需要就

[1] Jay (1999).

比较明显了。

病理学家——包括一般病理学家以及刑事鉴定病理学家——为了诊断需要，常得检视排泄物，医学研究者亦然。古生物学家最爱粪便化石，因为它们能打开（抱歉）通往过去的窗。精神分析学家总是反复谈及基本生理功能（记得弗洛伊德的“肛门期”吧?），也指出各种因排泄与性有所重叠而产生的变态（perversion）。且让我们想想伍迪·艾伦（Woody Allen）的一部电影，片中女主角的男友将她赤裸绑在床上，然后在她肚子上排便。显然这是虐待关系的隐喻（这一点是别人指出告诉我的），但无论如何，这影像造成深刻印象，在电影结束之后久久不散。

育儿工作者对排便知之甚详，因为五岁以下的小孩很容易发生这类小小意外，也因为这个年龄层的禁忌语言多与屎溺有关（这一点并非偶然）。至于人生阶段的另一头，我们先前也已谈到，基本生理功能再度占据了中心位置（这次是不受欢迎的）。

我们也别忘了园艺学家，他们对动物排泄物自有其特殊观点，对氮的循环抱持一份核心尊敬，植物的新生命便是由此而来。因此他们使用另一个不同的词（“堆肥”），不像“排泄物”或“粪便”有负面联想。“堆肥”（manure）是个愉快得多的词，既是名词（指该物质本身），也是动词（将该物质散布在土地上）。（这个字来自拉丁文的manus，“手”，因为传统上堆肥是用手施加。）

最后，语言学家也对它有兴趣，为了研究一种叫作“厌恶语义学”的东西，指的是一般用来表示厌恶此一心理状态的语言[1]。顺带一提，厌恶是拒斥的一种形式（显然此外还有很多种），原因在于该物体来自或曾到过的地方[2]。由于相关禁忌使然，厌恶物品如排泄物和呕吐物被排除在正常对话之外，所以我们有如此众多的委婉语（比方说，“肠胃不适”可能会使我们“去上洗手间”）帮助我们度过禁忌话题偶尔不小心浮上台面的、令人毛骨悚然的时刻。

当然，咒骂者的态度就不同了。他们从反方向取用厌恶物品的屎溺词语，尤其是跟屎相关的。他们要的是能传达当下情绪的恶俗词——通常表示愤怒、挫折、惊讶或失望。说出**屎**这个字就等于跺脚——当你没赶上公车，当你看到一张违规停车罚单夹在挡风玻璃上，当你在慢车道上、被一个天杀的富豪（Volvo）车挡住。

屎方便，表达力强，单音节说起来又快又简单，也不会过于冒犯别人。它用途多端，可以用在表示团结的情境或社交场合。然而后者确实需要加以调整，因此有时会出现“sh. . . ivers”“sh. . . ugar”，或较美式的“sh. . . oot”等替代用语[1]。南非人常说“shame”来表示对不幸之事的同情，不管那桩不幸多么微不足道。我有个直觉，如果彻底做一番语源学及实际应用的研究，会发现

[1] Jay，1999：200.

[2] Rozin & Fallon（1987），引用于 Jay，1999：199。

1　这些字开头的发音都跟 shit 相同，然后转成其他不伤大雅的字词，此处三例的字义分别为“哆嗦”（shivers）、“糖”（sugar）和“射”（shoot）。

他们的“shame”可能原先正是加以转向并适当调整过的**屎**。

乍看之下，厌恶好像是一种自然、天生、正常且放诸四海皆准的感觉，但其实不然。这是一种后天习得的反应。大人教导小孩说，排泄物和呕吐物是恶心的、冒犯的。杜林写道：“拉屎是一种没有目的的纯粹幸福——直到我们的父母带着他们的敌意看法插手干预。”[1]

这种教导在小小年纪就开始了。脏尿布很快就被换掉，大小便后要立刻冲水，大人会说：“恶心！别碰！”上完厕所要把“肮脏”的手洗干净，而且不会自己控制大小便的小孩会被排除在幼稚园的社交环境外，这些都在对孩童传达很明显的信息。要是小朋友在大学校里“弄脏”[1]（跟堆肥有没有关联？）自己，那就完蛋了。这是一种很难淡忘的羞耻。提摩西·杰问得颇有道理：“当小孩被大人教得清楚意识到‘肮脏’的力量，他或她怎么可能不对粪便着迷？”[2]

童年早期对屎溺的兴趣，也显示在小孩将食物和粪便并列的关注上。美国一份语言学研究，检视了一处童子军营地男孩团体的语言游戏——无疑是收集男孩同侪谈话资料的绝佳机会。研究者记录男孩们的屎溺命名创意，尤其是将食物与排泄物加以联结。米饭淋肉汁成了“屎淋虱子”，即食布丁成了“湿裤”（scoots），

[1] Dooling，1996：137.

1 原文为 soil，又有泥土之意，因此下文跟堆肥有所联想。

[2] Jay，1999：200.

指的是内裤上的棕色污渍；另一方面，他们把腹泻说成“乱喷巧克力酱”[1]。随着年龄渐长，男孩的语言除了屎溺还加上性爱，两者都用于咒骂。

由于厌恶是后天习得的反应，因此无可避免会受文化价值观影响。不同的文化对于什么东西算恶心有很清楚且非常不同的看法。在某些地方，你可以毫无顾忌地在公共场合吐痰、挖鼻孔，有时还把鼻屎从公车车窗弹到外面的人行道；在另外一些地方，你则可以把鼻腔里的东西大声擤到一小方折起的布料里，然后放回口袋，整天带着走。

人类排泄物是一个放诸四海皆准的厌恶主题。然而，在某些城市有许多无家可归之人的拥挤街道上，你几乎可以变得习惯满地人粪，就像富裕国家人行道上满地狗粪，嘲笑着当地相关单位对“狗主责任”的言之谆谆。排斥排泄物的主要原因在于怕被污染。事实上，“恶心！别碰！”这句话已经一语道破。人们会收手、退缩、避开。这种心理的反感展现在实际的退避动作上。

这种观念从被谩骂的东西本身延伸到代表那东西的字词。害怕被脏东西污染变成了害怕被脏话污染。粪便是肮脏的，因此与其相关的念头或字词也是肮脏的——仿佛碰上这些念头或字词就跟碰上它们所指称的东西一样会让人遭到污染，那东西被视为肮脏、使人不快、讨人厌、不干净或就是“恶”。凯特·柏瑞芝在她

[1] Mechlin (1984)，引用于 Jay，1999：200。

那本非常风趣的《开花的英文》（*Blooming English*）中说："可怜的小小字词，又不是它们故意的！"[1]因此我们有"肮脏的头脑""肮脏思想""脏话""脏笑话"。"厕所幽默"是总称，既是脱口秀谐星用来逗笑万无一失的快速法宝，也是孩童谈话很大一部分的内容。

没有多久之前，小孩还会因为说了所谓的脏话而被大人用肥皂洗嘴巴，通常是在大庭广众之下，类似巴格达的罪犯吊死示众，或者小偷在利雅德市中心被施以砍手之刑。若要将信息传达给很多人，场景就很重要。我儿子碰到过一次这种事——我指的是洗嘴巴，不是砍手。说得更正确点，他是在幼稚园里跟同学一起被迫观看别人被洗嘴巴。

事后我以家长和语言学家的身份向园长表达不满，她只是不以为意地耸耸肩，说："这招有效，这点最重要。"显然，看到同学在大庭广众之下被强迫洗嘴处罚之后，（有一阵子）儿童说脏话的次数会减低。马基雅维利[1]跟这可脱不了关系。幼稚园园长显然相信两年一度的洗嘴巴类似每年一度的寄生虫检查，是很有效的防治手段。

成人将这么多的社会化精力投注在训练小孩控制大小便，教他们分辨什么是干净、肮脏、适合的，因此经过这个年龄层的儿

[1] Burridge，2002：221.

1 Machiavelli（1469—1527），即《君王论》的作者，主张为达政治目的可不择手段。

童特别爱把屎溺挂在嘴上，大概也就不足为奇。他们学习语域——依照听众选择适合的语言——的速度之快也令人印象深刻。无疑，禁忌语言在他们的同侪交谈中大展身手。

事实上，咒骂词可以早在幼儿十二个月大时就出现。提摩西·杰在《我们为何诅咒》（*Why We Curse*）中说，儿童的咒骂有可以预测的模式。两岁之前可用的咒骂词汇只有三四个，到上小学之前已增加为大约二十个，然后继续增加，及至青春期之前达到近三十个。青少年时期，咒骂率臻于高峰，尤其是少男。之后的发展则通常跟社会经济条件有关。成人的诅咒词汇从 20 到 60 个不等，用于公开场合——不过不见得全在同一个场合上用。

小小孩跟某些脱口秀谐星类似，认为用“嘘嘘”或“便便”来代表生理功能或性器官是很好笑的。事实上，屎溺之道也将是他们成人后咒骂词的主要来源之一（**玻璃**、**屁眼**、**尿**）。然而，当小孩开始跟别人交往相处，他们会意识到个人之间的不同，用带有贬义的标签取代早期的“便便”，如“四眼田鸡”“肥仔”或“智障”，让人不禁纳闷何者比较不糟。

贬义的标签通常带有屎溺倾向（“大便脸”），是争夺人气和主导地位的有效武器。骂人是区分团体成员和非成员的战术，有效地团结己方、排斥他者。至今仍让我感到羞愧的是，14 岁左右时我属于一个自称“贝拉”（Bella，我不知道当时我们怎么知道这个字表示“美丽”）的小圈圈，嘲笑排挤班上一个同学，只因她身材太高、头发油腻、成天绷着脸、胸部平坦。比一群青春期少女更具虐待狂的行为者恐怕不多。

当然，做父母的喜欢把自家孩子说脏话一事归咎于同侪团体的“不良影响”。可以相当确定的是，那些不良影响的父母八成正在家里指控**你的**小孩是不良影响。事实上，小孩会咒骂是因为模仿四周的行为样板，通常是家里的。你踢痛了脚趾，于是咒骂，你的小孩听到，便学会如何在类似情况下做出反应。句子是什么不重要，总之它变成与愤怒或挫折情绪相关的语言。

我可以用自己育儿经验的一个有趣故事来说明这一点。我发誓，我儿子说出第一句完全合乎文法、用对情境的骂人话（当时他两岁），是“天杀的富豪驾驶”。这句话之所以值得注意，是因为它出现的场合并不在车上，甚至根本不靠近马路。当时我儿子在家中地上玩乐高积木，想把几块拼在一起，但是拼不上，于是挫折之余就冒出了“天杀的富豪驾驶”这么一句。

小家伙完全不知道富豪是一种车，也不知道开富豪的人有某种名声。他只是常常搭母亲的车，而这个母亲习惯在交通状况不顺时用言语表示不满，于是他有样学样。这是一种被称为过度概括（over-generalization）的语言学习策略——小孩会因此说出“getted”，而非“got”[1]——他把整句话（两岁小孩分不出字与字的界线）用在一个无关但类似的话语情境。这句话绝对有助他发泄挫折，八成也带来他所需的片刻平衡，这就是咒骂的功效，不

---

1 get 是不规则动词，过去式为 got；但若按照一般过去式的规则，则会概括归纳出 getted 这样的错误。

管你年龄如何、在什么情况下。

屎溺咒骂词的首席当然非**屎**莫属，也许是因为它已经存在了好久。一笔非常早期的纪录（shit-breech）出现在 1202 年，之后是 1250 年的“shit worde”。一百多年后，出现“shitten”（1386），然后是下下世纪的“shit-fire”（1508）。再过一个多世纪，“shitabed”为人使用（1690），到了 1769 年，颇富古趣的“屎袋”（shit-sack）的定义是“怯懦卑鄙的人”[1]。

辞典编纂者艾瑞克·帕崔里吉列出六十几个由**屎**组成的词，从古老到当下都有[2]。事实上，**屎**是一个特别具有衍生力的字，不停产生新的复合词。比方“屎桶”（shitcan）最早是美国陆军的俚语，指垃圾桶，如今仍保有这个意思，但也多了动词的形式，表示“迅速而永久地丢掉”[3]。

从结构观点而言，**屎**的动词变化形式与“坐”（sit）相同，因此过去式是“shat”。基本形容词是“shitty”，也有“shithouse”（茅房）之类的复合词可以用作形容词。此字单独用作情绪字眼时主要是单数名词（**狗屎!**[1]），前面通常不加“a”（一个）、“the”（那）、“some”（有些）之类的限定词（determiner）。当然也有例外（the shit hits the fan［屎打中风扇了］），用作复数名词时通常

[1] Hughes，1998：29.

[2] Partridge，1984：1052—1054.

[3] Gaines，1948；Gilliland，1980.

1 这种作为情绪字眼的用法，中文通常不会单说一个“屎”字，因此斟酌译为“狗屎”。

会加上限定词（get the shits with［不爽］）。作为动词，它可以单独使用（he shits me［他唬弄我］），也可以跟其他字合在一起创造特殊意义，例如“搅屎”（shit-stir）表示制造麻烦。

此字的语义视脉络而定，尽管**屎**是个四字词，但绝非只有负面词义。“真够屎的，嗯?”是常见表示惊讶的词，另一个较极端、也许有点不寻常的版本是“拉屎蹦砖头!”。**屎**可以加在形容词上，加强其词义（shit-scared［吓到挫屎］），但这种用法并不是咒骂词的真正功能。用作强调词时，**屎**可以有正面的联想：“屎热门的派对”就不容错过。“屎热门”（shit-hot）又可以缩减成**屎**，表示绝佳的意思仍然不变。

康妮・艾柏研究美国大学生日常的随口交谈，认为此种交谈的一项主要功能是加强团体身份认同[1]，而这身份认同一部分是由反抗权威来建立。她也讨论到同一个字可以表达正面或负面意义，举的主要例子就是**屎**，拿“我的英文课有一大堆屎作业要交”跟“我踩了那门课的屎”对比，还有更正面的——“麦可的新BMW有够屎”。类似的，“破烂”（junk）可能是负面的（与“垃圾”同义），也可能是正面的（“你考进医学院啦——有够破烂的!”）；“bitch”用作动词时多半是负面意义[1]，但形容词形式可以是正面（“一个bitching小妞”可是很高的推崇），也可以是负

［1］Eble（1996）.

1　如“使坏”或“搞砸”。

面（“这场考试真够 bitching!”）[1]。澳洲青少年俚语也有类似的倾向，例如用“sic”表示绝佳。

脏话研究者似乎各有偏好的咒骂词。杜林心目中永远的第一名是**屎**[1]。“‘屎’的双重意义使它成为如此友善的骂词。若说‘干’是个好战的字，听起来像两头雄鹿以角抵击，那么‘屎’就是个愉快、有同志情谊的字。说‘屎’的时候，嘴唇不得不咧成一个微笑……这是个伙伴用词，你用来称呼某个……很了解自己的屎的人。”

然而，**屎**最常代表的还是负面联想，就算只是轻微恼怒（“哦，狗屎”），当事情不尽如你愿的时候。许多组合词，例如复合形容词“屎屁股”和“屎脸”，比较有表达发泄的功能。大量名词提供了许多可用来骂人的难听话——“屎头”“脑袋装屎”“踢屎的”。有以动词为基础的顺口溜（“拉屎在自家门口”）和整个句子的形容（“他们以为自己连拉屎都是香的”“不拉屎就别占着坑”）。“熊是不是在森林里拉屎?”这个修辞性反问，其实就是用比较长的方式表示“是”。还有“国王说：‘屎!’”就简短地代表了后面更复杂的情节：“……他的臣民就全都开始努力屙”或者“……于是一万个臣民就依言拉屎了”。

现成句子的省略版本，如“你可以把马拉到水边”（但你不能

1　此二例的 bitching 分别指“极棒、非常好”和“很糟、很要命”。

[1] Dooling，1996：150.

逼马喝水）或者“沿着狗屎溪往上划”（乘着一艘没有桨的铁蒺藜小船）[1]可以建立团结感，因为它们的意义来自彼此皆知的典故，而共通的心照不宣可以让人感觉像好兄弟（这一点我是透过痛苦的个人经验得知的。我在母语并非英文的家庭长大，有很多年的时间都困惑地偏着头、脸上带着同样困惑的表情，纳闷“瞎子佛莱迪”和“玻璃屋”是什么意思[2]）。

但是等等，还有呢。你可能“得屎”（get the shits）、“给某人屎”（give someone the shits）或“跟某人有屎”（have the shits with someone）[3]。你可能“运气屎烂”“不值一撮屎”，或发现自己“深陷屎堆”。你可以“很了解你的屎”，“振作起自己的屎”，或者无论如何都“不鸟它什么屎东西”。**屎**有“幸运”“愚蠢”“疯狂”和“甜蜜”的，有“重”“深”或“恶狠狠”的，还有“牛”“马”和“鸡”屎。哦，趁我还没忘记之前赶快提，你也可以“丢”“甩”“抓”或“搞”屎。

与毒品有关的词义向来都非常有**屎**衍生力：你可以“抽”“买”“卖”“脱手”或“弄到”**屎**。你可以抱持哲学态度，耸耸肩，安慰自己说“倒霉事屎有所闻”；或者你也可以毫不饶人，诅咒你的敌人“吃屎去死吧”。

1　此句是以夸张方式形容处境恶劣。

2　前者出自澳洲俗语“连瞎子佛莱迪都看得出来”，指事情简单明白之至；后者则应是指俗谚有云“住玻璃屋的人别丢石头”，意为自身有短处就别为难他人，或自身处境尴尬不便采取行动。

3　这三个片语意思分别为：“倒霉、轮上不好的事”“恶劣对待某人”“对某人不爽”。

若说**抨**是彻底的英国产物（尽管如今已四处流传），那么**屎**就非常美国，尤其是“上天的屎”（Holy shit）[1]这类词语。我曾想拿不同的辞典（英国、美国及澳洲的）来比较“屎类”字词的数目，但各辞典收录字词的标准差异极大，由此计算出的任何数目恐怕都不正确。在此我们且说，若你认为**屎**主要是美国人爱用的字[1]，请参考《麦克瑞澳洲口语辞典》（*Macquarie Dictionary of Australian Colloquialisms*），书中**屎**一字列出24个词条，另有9个包括**屎**的复合词。在这33个项目中，只有一个（“运气屎烂”）标示为源于美国。

一个典型澳洲用词是**死屎**（deadshit），在我小时候，这个词是用来指你母亲会希望你与之交往的那种好男孩。另一个是**没屎**（shitless），是用来加强语气的副词，用在负面形容词之后——“吓到没屎”“无聊到没屎”——极具生动效果，但无法跟正面形容词合用——你不能“快乐到没屎”，或者“有钱到没屎”。这点引发了一个哲学问题（不过我们没时间加以深思），那就是无**屎**状态何以被视为跟负面经验有关，除非它暗指弄脏自己的羞耻，这是童年遗留下来永难摆脱的包袱。

这些词很多都有不止一种功能。就以**牛屎**（bullshit）[2]为例吧。

1　基本上此词只是 shit 的加强版本，并无字面意义；但 holy 一字原意为“神圣的”，涉及宗教禁忌，可参考《以上帝之名》一章。

[1] *Macquarie Dictionary of Australian Colloquialisms*, 1984：276 – 277.

2　此字在中文类似的用法则应说“狗屎”，但此处顾及后文所论的语源出处，仍直译为牛屎。

它可以具有模糊的指称意义，颇类似“屎”（指东西），比方“这门课教了我们一大堆牛屎”，也可以用于惊叹，**牛屎**！句法上当作对前面一句话的回答。还可以用来否认某件事的真实性。A：“我昨天就寄出支票了。”B：“牛屎！”

至于**牛屎**的语源——这点仍是个谜。大部分人自动认为此词与牛有关（一定是牛的某些特质让人有此联想），但有些人认为它与“boule”有关，而这又可能联结到各种不同的概念如球、立法议会、装饰性的木制品和白面包。任君选择。

屎另外有些屎溺亲戚——这些词有相关意义，但不直接提及屎。最有名的便是“棕色鼻子”，用来形容“唯唯诺诺的人”，或修斯所称的“逢迎拍马的寄生虫”[1]。英国及澳洲英文则直接说到**屎**的来源，管这种人叫“爬屁股的”和“舔屁股的”。

@*%!

若说园艺学家喜欢散播它，古生物学家喜欢追它（追溯它的年代，不是约会追求它），而刑事鉴识病理学家喜欢在显微镜下看它，那么语言学家也自有其怪癖偏好。通常他们会收集此字实际使用的资料库，谨慎地不让研究者或录音器材出现，以免影响（或污染）发生情境。然后他们分辨出脉络因素如何处、何时、何物及何人，努力将该字的用法和功能加以分类。特别喜欢分类的人，会把研究结果做出惊人的呈现。达成这一点之后，他们通常

---

[1] Hughes，1998：29.

满足于了解了这个词的语用学（pragmatics）——也就是它在使用脉络里如何运作。若这语言学家同时也是辞典编纂者，那么这份资讯会有助辞典里提供的各种意思或定义变得更丰富。

安格斯·基曼收集了“屎类”词句的资料库[1]，归纳出此字有三大不同的主要意思，将之分类为**屎**（指涉）、**屎**！（情绪字眼），以及**屎**（东西）。

第一类的屎传达“粪便”之意，唯一的差别在于语域，也就是社交情境的适用度（称职的语言使用者知道**屎**比较适合在酒馆而非银行说）。我们或许可以说，**屎**和“粪便”这两个词的语意相近，但语用不同，要看社交脉络，才能决定该使用术语（“粪便”“排泄物”）、委婉语（“废物”）还是禁忌（屎）。因此，这些只是用来描述相同情境的不同方式。

虽说**屎**的指涉性用法是“粪便”的低语域版本，但这八成是它最不常见的一种用途。用来传达情绪，才是**屎**真能大展身手的时候。事实上，随着此字变得约定俗成、公式化（这是变成情绪字眼的字词必经的变化），字面意义也逐渐消失，代之以隐喻意义。例如，若你说你的教授讲课害你无聊到没屎，听的人绝不会以为你有便秘的困扰。

屎显然比**干**更容易用于隐喻意义及文字游戏。对此基曼有个有趣的理论：“隐喻性的用法要成功，必须人们对该隐喻有共通的

[1] Kidman（1993）.

了解。”[1]他认为：“‘干’是非常个人化的经验，不是放诸四海皆准的，而‘拉屎’则（想来）是每个人都大同小异的经验，也是人生在世必需的一项活动。”

基曼的第二种分类是用作情绪字眼的“**屎!**”。语言学家大多同意，此字有清涤功能，表达各式情绪，包括厌烦、挫折、愤怒、失望、惊讶、厌恶或狼狈[2]。艾伦（K. Allan）与柏瑞芝还列出“苦痛”，不过就我个人而言，若要表达我自己的任何苦痛，我会用比较强烈的字词。

若语言教师足够勇敢，试图教学英文的外国学生使用咒骂词，可能会把“**狗屎!**”放在斜坡中段，或许介于上方的“**干!**”和下方隔着一段距离的“**该死!**”之间。这种做法试图用曲线图传达许多情绪字眼的强度，但当然忽略了一点，即某些咒骂词或许强度相当，但却用于不同情境，稍后我们讨论“基督知道”（Christ knows）时将会谈到。

以前教外国学生时，我发现把这类词语通通归成一类（传统上被称为“坏”或“脏”话），建议他们小心加以避免，是简单得多的做法，尽管也许有点懦弱。这是很好的忠告，因为如果听到外国人用有口音的目标语言（target language）咒骂，母语说者通常会大表反感。因为很难“感觉”到非母语的咒骂词的强度轻重，

[1] Kidman，1993：http://www.gusworld.com.au/nrc/thesis/ch-3.htm#3.4.

[2] Allan & Burridge（1991）.

外国人似乎通常较容易犯下用词过猛的错误。因此，考虑到这种种因素，避免使用这些词或许是最安全的方式。

此外，我们必须记住，一个人的“该死”可能等于另一个人的“干!”。若能探讨个人变数（如宗教背景）与其偏好的咒骂词之间有何相应关系，应该会是很有趣的研究。

对外国学生而言，面对“**屎!**”作为情绪字眼的最大问题，也许在于它的用途众多。可以使用它的情境包括：

不小心打翻饮料（哦，狗屎！抱歉）；

感觉疼痛（狗屎！那样真的很痛）；

突然看见美丽的落日（狗屎！太美了）；

打错电话（狗屎！我真笨）；

感到惊愕（狗屎！这消息真糟）；

感到震惊（狗屎！你开玩笑的吧?）；

感到遗憾（狗屎！我真希望事情不是这样）；

以及，引用基曼收集的一个真实例子，快达到性高潮（他大喊：“老天的屎，我的上帝，我要射了。”）。

像英文如此丰富的语言，怎么可以容许说者使用同样的情绪字眼传达这么不同的种种情境？基曼试图解开这个谜题，表示这些情景都有一个共通的核心，就是意外之事发生在开口说话的此时此刻。那个即将射精的男人显然不可能对此事太过惊讶，但惊讶于它发生的时机（或许比他预期的早了一些）。当然，**“屎!”**是单音节，方便使用，非常适合用于如此即时的反应，但还有其他字词也是如此。尽管**“屎!”**大部分表示负面语气，但并非仅限于如此，日落和性高潮的那两例便清楚说明了这一点。

为何我们对口语的情绪字眼**屎**比对书面的**屎**容忍度高得多？也许因为口语的情绪字眼是自然而然的爆发，比较接近不由自主的反射动作，因此它突然出现是可以原谅的。此外，它跟所有四字情绪字眼一样，都是稍纵即逝，一说出口就消失了，其实不太值得为此小题大作。马克·吐温（Mark Twain）据说曾表示瓦格纳的音乐“实际上比听起来好”，杜林则宣称书面**屎**的意义比口语形式多出许多，想来是因为书面形式已失去了这些自然而然、不由自主、稍纵即逝的特性[1]。

基曼把**屎**用法的第三类、也是范围非常大的一类，称为“屎（东西）”。如果我们认为用作情绪字眼的**“屎!”**已经服务好多个主子，那么这个类别**屎**的意思更是缥缈又稀释到——一如“东西”这个名称所显示的——其基本核心意义只不过是个名词性词（nominal）而已。换言之，它差不多只是某样东西的**名字**，代替另一个名词，类似代名词。

“你这些屎怎么扔得到处都是？”“我已经太老，不想再搞这种屎了。”“我不想再听到半点屎了。”在这些例子中，**屎**皆用来宽松

[1] Dooling，1996：130.

地代表说者和听者都熟悉的某样事物。此字所代表的东西要不是就在当场、在他们面前、在现时现地，就是存在于他们共通的理解、先前的对话中，是他们基于某些共通生活经验而彼此知道的事物。总之，那东西不需要特别说清楚。我们跟素昧平生的陌生人说话时不会用“东西”此义的**屎**，原因之一就是他们可能无法推知屎指的是什么，而朋友、熟人或亲密伴侣则可以。

如果你想把“东西”的**屎**跟“指涉”的**屎**加以联结，关联可能在于指涉的**屎**是废物，是身体已经不需要的残余物质，没有用处（除了堆肥之外）。在两个原型句子中——“人行道上有屎（粪便）”和“你那些屎扔得我满客厅都是”——我们可以找到一个共通核心：两者都表示有无用的东西在场，希望那东西可以除去。

基曼对**屎**运作方式的三分法只是一种可能的分类，虽说是利落又容易消化的一种，用语言学家对脏话的兴趣把**屎**加以——这么说吧——切割。大卫·克里斯托的出发点略有不同[1]。首先，他把**屎**有正面联想的用途（比方作为一般的情绪反应，表示惊异、同情或尴尬）及**屎**的俚语指涉用法（比方用**屎**代表大麻）跟具有负面联想的用途加以区分。在第三个类别中，他列出：

人身攻击（你这屎脸）

[1] Crystal（1987）.

肮脏的活动（屎工作）

否定（啥屎也没）

麻烦（惹了一身屎）

畏惧（吓到挫屎）

欺骗（少用狗屎唬弄我）

恶劣（说那种话很屎）

垃圾（一大堆屎）

再一次，一个字词服务许多个主子。此外，代替**屎**的委婉用词（shivers、sugar、shoot、shucks 等）可以用于负面用法，也能用于一般的正面用法。如果我们需要举例说明字词是如何透过特定情境而达成意义，**屎**就是最佳例子。

@*%!

我们已经说过，肮脏事**屎**有所闻，而且可能相当恶心。你或许认为恶心就是恶心，没什么差别，但这方面的研究者指出事情没那么单纯。比方说，学院语言学家艾伦与柏瑞芝以大批学生及大学教职员为研究对象，请他们为身体产品令人厌恶的程度打分数——这里说的身体产品指的是身体产生的东西（脓、鼻涕、尿等等），而非身体保养品。这些身体产品——或者用个比较好听的委婉语，“排溢物”（effluvia）——令人作呕的程度分为五级，从“非常令人作呕”到“不令人作呕”，中间值则是“令人作呕

（R）”。这两名研究者承认作呕程度的分数会视不同的社会而变，但主张“排溢物之为禁忌话题”这一点几乎是放诸四海皆准。

获得最高分的是屎和呕吐物，84%的受试者都给予高过 R 的作呕程度。紧追在后的是经血（80%的男性，47%的女性）、打嗝呼出的气（78%）、鼻涕和屁（70%）、脓（67%）、精液和尿（58%），以及口水（50%）。被视为“不令人作呕”的东西如下，依照无伤大雅程度的递增排列：剪下来的指甲屑、非打嗝呼出的气、伤口流出的血、乳汁、泪水。泪水被视为最不令人作呕，显然是因为它并非身体产生的废物，不会造成污渍，而且流泪不会（通常不会）导致死亡。

作呕程度与一项禁忌密切相关，涉及生殖繁衍（以及随之而来的，对血缘关系的保护）以及废物污染这两种担忧。就身体部位及排溢物的可启齿程度而言，禁忌对男人的规范比对女人严格，如经血及代表“阴道”的字词比精液及代表“阴茎”的字词更令人作呕/更禁忌，就是一例。尿比屎的分数低得多，这一点也跟文化习惯有关——男人排尿时不需要特别找个隐秘地点，但排便时则会躲到封闭空间进行（至少我们希望如此）。连学步儿都知道便便比嘘嘘更严重。

这些作呕反应显然不是固定不变的。人们对乳汁的态度有所不同，要看我们讨论的是哺育婴儿的母乳还是弄脏衣服的溢奶。跟所有排溢物一样，反应如何也取决于它来自谁的身体，以及你跟那人的关系为何。奶妈在西方社会已不再普遍，但在新生儿病房，早产儿的母亲通常有泌乳困难，可以用其他母亲多余的奶水来喂，令人作呕与否根本不相干。也许这是只有女人才懂的事。

你的心态影响你是否视排溢物为令人厌恶，而心态某部分也跟你的处境相关。如果输血能救你一命，你就不会认为它令人作呕了。如果精液或汗水来自亲密伴侣，可能会被正面看待或减低其令人作呕的程度。如果屎或呕吐物来自小孩或病人，也会受到不同程度的容忍——不过计程车司机对这些东西一律畏如蛇蝎。

作呕程度的亲戚之一是"可启齿指数"，也就是人们谈起某物是否自在。这点受到脉络变数的影响，包括你谈话的对象，对话的地点和目的。生殖器官被委婉称为"私处"并非偶然，但你是否会真正用上这个词，则视脉络功能而定。一般而言，正式或技术性的术语比较容易启齿——所以"粪便"的指数得分比"屎"高，"精液"比"洨"[1]高。

因此，肮脏事不只**屎**有所闻，你在错误场合说出"屎"的时候更会倍显肮脏。凯特·柏瑞芝说：

> 千万不要怀疑脏话的力量……一如大部分遭禁的东西，

1　原文 cum 是俚语，指精液，此处试译为近来网络上流行的"洨"。

脏话有特别使人着迷之处。禁忌之物是令人作呕的、不可碰触的、污秽的、不可启齿的、危险的、令人不安的、令人兴奋的——但尤其是强而有力的[1]。

[1] Burridge，2002：220.

以上帝之名

他妈的我们到底在哪？

——艾美莉雅·厄哈特[1]

有句古老格言告诉我们，清洁近乎神。好几个世纪以来我们都抱持这个信念——其间偶尔出现一两场瘟疫推波助澜——现在也不打算改变。相反的，如果清洁能让你接近上帝，我们这些身处在医疗级杀菌产品的西方世界的人，离上帝一定近得不得了。教会的权力或许已不如从前，但我们依然乖功过头地默默遵守这条清洁等于敬神的规定。请容我稍加探索这其中的关联，因为，稍后你就会看见，这也能让我们一窥咒骂与宗教之间的关联。

1 Amelia Earhart（1898—1937），美国飞行家，为第一位独立飞越大西洋（1932）、太平洋（1935）的女性，1937 年尝试飞绕世界一周，途中失踪。

就从我们对清洁的过度关注讲起。今时今日，我们的住家——尤其梳理台和马桶座——是有史以来最清洁的，我们的皮肤也是有史以来最干净的。我们谁不曾用过超强效杀菌剂？我们怕细菌、怕污染，怕得一塌糊涂，每年花费几十亿元购买完全没需要的清洁剂，那些东西或许有心理上的安慰效果，但也有害生态环境。在自己的身体上，我们同样花大钱买清洁、清洗、滋润、深层洁净、保湿、调理、除臭、卫生、浸泡和掩饰的产品——这类用品简直不胜枚举。要是我们闻起来没有蜂蜜、薄荷、薰衣草或芦荟味，只有，呃，我们本身的体味，那还得了。这是说，如果我们真的还记得以前自己的体味的话。

我不想深入探索我们执迷的心理驱力，这远远偏离了本书主题，且涉及非我专业的领域——心理学。我还是留在自己熟悉自在的区域——语言——就好。为了方便讨论，让我们暂且断定，如今清洁已是如此深入生活的一部分，我们鲜少加以质疑。当然，各种年龄层的小孩常需要别人威胁利诱才肯洗澡，但别忘了他们还没完全社会化。等他们长到青少年晚期，我们大概可以开始怀抱希望；及至成年离家时，他们已经非常清洁、非常爱干净。事实上，或许有朝一日，成熟度和投票权的终极判断标准会以身上有无怪味来判定，而非以法定年龄为准。

社会预期我们与世界接触时身体清洁无比，尤其是位于教堂或寺庙或清真寺里的宗教世界。不只身体要清洁，服装亦然：在这些场合，我们的穿着会有所不同，比较保守、正经、恭敬。我们认为外表能代表我们自己，代表我们想要显示的尊重态度。不久以前，人们的“星期日最称头服装”[1]真的只有上教堂时才穿（对于其他宗教安息日不同的信徒而言，则是星期六或星期五最称头服装）。穆斯林进清真寺前要洗手、脱鞋，这些都表示宗教性的尊敬。犹太人相聚用餐前必须洗手，就连一般并不虔诚信教的犹太人也会进行这番洗手仪式，才开始名为Pesach seder[2]的一餐。

身体清洁的重点在于我们身体与外在世界的界线，包括从不同部位以不同方式离开身体的种种生理产物——这些东西是私人的、秘密的，而且可能带来羞耻。要当一个完整的社会人，我们就必须隐藏所有生理功能，把它们留在我们生活的后台，不让人看到、听到、闻到、碰到或讲到。若无法遵守这些规则，就可能显示反社会倾向，甚至精神有问题。一个人开始崩溃时，最先忽略的事物之一就是个人卫生。

一个老笑话说法国人小便后不洗手，反而在小便**之前**洗。之前洗，是因为他们的手即将触及一样神圣的东西，而之后当然不会洗，因为若想象神圣的东西是脏的，就等于不敬。讲这笑话给我听的男性朋友向我保证，男人小便后洗手完全没有合逻辑的理由。根据他的说法，洗手这番熟悉的小小仪式显示，他们要不是根本分不清小便和大便非常不同的卫生因素，就是——这一点比

1　英文的Sunday best一词原意正如此处所述，表示专为上教堂而穿的正式服装；如今则可泛指一个人最光鲜、最高档的穿着。

2　逾越节家宴。

较有可能——潜意识里相信（或许从小被灌输这观念）触摸自己的阴茎是肮脏的事。有些男人小便后拼命洗手，一定跟清洁等于敬神这项教条有关。这是他的看法。**至于我**？我只希望他们继续保持这习惯，多谢——之前可洗可不洗，之后一定要洗。

宗教将身体的清洁与灵魂的清洁相提并论。罪恶——或任何违反某些重大道德戒律的行为——就是精神上的污垢或排溢物。依循已制订好的规则或道德原则过日子——对没那么虔诚的人而言，即是依循自己的良心或法律——是我们保持内在清洁的方式。这些限制让我们保持内在干干净净，灵魂跟脚底一样清洁溜溜。当然，如果你弄脏了，总是可以加以清洁；为此，不同宗教有不同的方式提供赦免，刷洗那些脏兮兮的罪恶痕迹。

在宗教集会场所我们以服装和举止表示尊敬，在语言上亦然。古兰经的阿拉伯文跟日常家居或买卖所使用的阿拉伯文不同。极端虔诚的以色列犹太人在日常世俗生活中鲜少使用希伯来文，就算用，也跟祈祷书和宗教仪式的希伯来文分得很清楚。罗马天主教的仪式若使用拉丁文，就表示此一地点、场合与众不同，信徒需要特别崇敬。至于新教仪式虽然坚持要让会众都能理解，但使用的语言也可能语境古老，让人感觉有所不同。宗教经文的新译本通常对一般信徒而言都比较普通、易懂、友善，但也因此容易招致强烈反对，反对者希望保持经文与俗世的神圣不可侵犯的距离。

久而久之，用于特定地点（如宗教集会场所）的特定语言会发展出自己的神秘氛围，尤其如果该语言与权力及特权息息相关的话。再加上一点敬畏或惧怕，神秘氛围就更强了。若以比较犬儒的角度诠释，这种鸡生蛋、蛋生鸡的关系正好相反，那些特别语言是打从一开始就蓄意营造神秘氛围，而这神秘氛围则能营造出适合宗教的敬畏感，因为有了敬畏才有服从和一致。毕竟，就连魔术师和萨满巫医都会先念念有词一番，好让观众进入容易接受他们表演的情绪。

在宗教相关的语言上，人们对于善恶、对错、卫生与否有很强烈的看法。事实上，如果违反了善的、对的、卫生的，人们的反应通常十分类似。有一种表示不赞许或厌恶的特殊表情几乎放诸四海皆准，很方便用来面对放肆、凌乱或不道德的举止，也很方便用来面对所谓的“坏语言”[1]。如果你一早就戴上这个表情，它大可用在接下来大半天可能碰上的令你厌恶的事情上。

语言的各个面向都有门外汉观念存在，咒骂也不例外；而这些观念之所以出现，八成有同样的原因——因为它们似乎能使好像别无他法可解的事物看来有些意义和道理。有一种门外汉观念是，坏语言通常不守规矩，跟讲这些坏语言的人差不多。如果某人暴力又过度情绪化，别人很容易想当然地认为他的语言也不受控制，将情绪状态视为等同于语言的“系统”或“秩序”。我把这称作“门外汉语言学”的观点，因为它尽管表面有着吸引人的逻

[1] Andersson & Trudgill，1990：35 - 37.

辑，却站不住脚。

咒骂词自有其规则，称职的咒骂者遵守这些规则，尽管他们可能不自知，就像我们遵守文法规则却不一定意识到自己这么做，也不见得意识到那些规则是什么。咒骂词的规则可能涉及句法（什么跟什么一起用）、词汇（例如**干他妈的**一词的种种可能与限制）、文法（例如，尽管**该死**和**地狱**都是情绪字眼，两者都大致适合用在踢痛脚趾的情况下，但你不能用**该死**代替**地狱**，说“天杀的该死”或“下该死去吧”）和语用（或者说驱动脉络，比方**该死**和**地狱**的禁忌程度或许相当，但并不能完全互换使用）。

规范咒骂的规则看似无形，实则复杂；黛博拉·希尔（Deborah Hill）对脉络限制（这些限制必须先于且外于禁忌程度加以考虑）的研究，就清楚显示了这一点。她以当代澳洲剧当作资料库，研究澳洲英文（研究书面字句——比方剧本——容易得多，口语资料因为稍纵即逝、难以预测，因此收集不易），焦点集中在三个看似可以互换使用的“咒骂感叹词”（imprecatory interjection）——“天知道”（Goodness knows）、“上帝知道”（God knows），以及“基督知道”（Christ knows）——以找出潜藏其下的规则。她有两个发现，其一是：“天知道”“上帝知道”和“基督知道”三者的情绪强度依序渐增。

其二是：不同的感叹词代表不同的态度。用“天知道”的时候，通常说者确实知道某件事，或至少约略晓得其内容。希尔的例子是：“他们总是吵着要他们没有的东西，但我可以告诉你，他们没有的东西并不多。天知道他们已经有足够的玩具可以让他们不去乱搞。”[1]

“上帝知道”和“基督知道”意思类似，都表示说话的人不知道。然而两者不同之处在于，“上帝知道”表示即使说者知道也没有任何差别，“基督知道”则表示说者相信如果他真的知道，事情就会有所不同。她举的例子是：

A：媒体怎么会知道？

B：上帝知道。反正现在都无所谓了。

A：我们在中央车站道别。我告诉她我会永远爱她。

B：这话是真的吗？

A：基督知道……我们下一次碰面时，把车停在法兰西森林坐了好几个小时，她一直求我让她当我情妇。

希尔的结论是，虽然这三个感叹词有时可以互换使用，也都可以用温和得多的“谁知道？”代替，但意义的细微之处不同，视说者选择哪一个而定。此外，这些细微之处并非偶然，而是有系统、有秩序的，说者刻意使用，听者也能了解。

但还是回头来讲禁忌。如果能知道生长在基督教文化内的人，是否比基督教文化外的人用更多不敬或渎神字词来咒骂，一定很

[1] Hill，1992：214.

有趣。身为宗教局内人，打破这类禁忌对受基督教教育长大的人可能有意义。反过来说，非基督徒咒骂时也许会比较不顾忌使用“基督知道”，就像用非母语咒骂的人通常“感觉”不出那些字词的强度或禁忌度。此领域的研究通常专注于接收而非生产方面，也就是专注于被冒犯度（个人感觉受到冒犯的程度）而非冒犯度（字词造成冒犯的程度），而这类研究证实，宗教背景与被冒犯度有高度关联。这点并不出人意料。

关于被冒犯度，罗伯·德赛写道，听到别人使用某一两个宗教情绪字眼时他仍会觉得受辱，尤其如果说者并非基督徒[1]。“我想我是感到其中多了一层轻蔑，鄙视我成长背景的文化。如果……牧师绊到猫摔倒时叫‘耶稣啊’，会比拉比或伊玛目[1]这么叫让我较不觉得受到冒犯。”

但让我们往回走几个世纪，回到教会握有实权、而非仅具象征力量的年代。直到宗教改革认真开始削减教会力量之前，天主教会的影响力和威望，以及所有宗教相关事物，都方便地提供了充足的禁忌语言可供咒骂使用。

对咒骂历史的研究，通常把教会独大的中古世纪视为咒骂最不受赞许的时代。但——许多禁令都有这种效果——公开遭禁的东西通常会暗地或迂回地蓬勃发展。到 13 世纪末，咒骂在英国和

---

[1] Dessaix 于 Radio National 的 *Lingua Franca*，2004 年 7 月，“Swearing”，http：//www. abc. net. au/rn/arts/ling/stories/s1154069. htm。

1 拉比（rabbi），犹太教士；伊玛目（imam），清真寺内率领穆斯林做礼拜的经师。

法国已经变成非常普遍的消遣，使教会当局非常不悦。

一本在 14 世纪中叶出现英译本的法文书，充分呈现了教士阶级的忧虑。该书原作于 1279 年，译者是丹·麦可（Dan Michael）修士，书名相当古怪，叫作《内在机智的再度咬啮，又名良心不安》（*The Again-Bitting of the Inner Wit, or The Remorse of Conscience*），与其说传达书的内容，不如说显示翻译的限度。姑且不论书名，这本书很清楚表示（如果任何人还有疑问的话），教士对咒骂这种行为抱持着谴责和不赞许的态度。

为了达成这个目标，原作者辛辛苦苦归类了“咒骂的七种形态”，包括：大胆的咒骂、困苦的咒骂、轻微的咒骂、习惯性的咒骂、愚笨的咒骂、以上帝及圣人之名咒骂，以及虚假的咒骂[1]。若再进一步讨论这些分类是如何组成、如何定义、如何说明，我想各位会失去耐心，总之，该书的分析足以清楚明白传达教会对咒骂这种行为的看法和立场。

昔日的权力当局将宗教相关语言尊崇为神圣不可侵犯，若触犯禁忌，便可能遭处决或受刑罚。考虑到当时使用的可怕技术，刑罚确实足以发挥吓阻功能。教会的“神”父大肆运用“渎神”和“不敬”的概念，以达成控制压迫的目标。杰说：“教会禁止不敬语，只因为当时它有权力这么做。”[2]他也指出，“一个人将渎神

[1] 对 Michael 这套分类的分析可见 Montagu，2001：122。
[2] Jay，1999：191.

看得多严重，取决于他对上帝的观点。”[1]因此，随着宗教信仰逐渐式微，渎神字词的力量消失，也就不足为奇了。

渎神与不敬语之间的分别是如此古老，连《牛津英文辞典》都用这两个词彼此定义。先前《脏亦有道》一章谈过，渎神**必然**是不敬的，而大部分不敬语也很可能涉及渎神。但在中古世纪，一个人很难证明自己无意渎神以逃过惨遭火刑的下场；容我这么说吧，再怎么费尽唇舌解释，两者之间的差别也只会烧得灰飞烟灭。

某些体制化的宗教——犹太教、伊斯兰教、婆罗门教——曾尝试禁止任何人使用上帝之名，这一点也许并不令人意外。就把这一点想成事关信任吧，或该说事关不信任。开宗长老是如此确定使用神祇的名字会导致某种不敬，因此全面禁止使用这最最神圣的字词。算是一种保险政策吧。

犹太教的例子很有趣。圣经将上帝之名写作没有元音的YHVH，念作Yahweh或Jehova[1]，两者都是用希伯来语念这四个字母——yud-hey-vav-hey——的不同方式。由于希伯来文圣经最初没有写出元音，因此如今没人知道上帝的名字究竟该如何发音。犹太教有一项传统，由祭司长在每年赎罪日（Yom Kippur）进入至圣所[2]时念出上帝之名一次，而此一发音则由前任祭司教授，口

---

[1] Jay，1999：107.

1　即“耶和华”。

2　Holy of Holies，犹太会堂的内殿。

耳相传。

由于该字的发音佚失，此外也怕人们随时随口乱讲上帝之名，教士便在朗读圣经时用希伯来文的 Adonai（“我的主”）一字代替那四字之名。当希伯来文的经文加上元音，Adonai 一字的元音便被加入上帝的四字之名。基督教的希伯来语学家（这词或许看似自相矛盾，但其实并不然）不熟悉犹太教习俗，便把这四个字母跟加入的元音一起念作混合式的“Ya-ho-vah”。

有些人认为，上帝之名这四个希伯来文字母是混合了动词字根 hey-yud-hey 的过去、现在和未来式，该动词意为“存在”，表示上帝“同时存在于过去、现在、未来”。《出埃及记》（Book of Exodus）有一段内容支持这个观点，上帝向摩西表明身份，说自己是 ehyeh asher ehyeh（“我将在如我将在”），使用“存在”此一动词的未来形式。

犹太的 Adonai 影响了基督教，后者亦用“主”来代表上帝或耶稣。今日，虔诚的犹太人用 Ha Shem（“名”）表示上帝，用英文时则写作“G-d”，再一次用去除元音的方式阻止发音。不管发明元音的人是谁，他一定万万想不到元音（或省略元音）有朝一日会变得多么方便好用[1]。

这项禁止说出名字的古老闪族传统也及于十诫，由此再影响基督教。例如在圣公会的圣餐仪式中，牧师便引用《圣公会祈祷

[1] 感谢 Rabbi Fred Morgan 的启发与建议，私人通讯，2004 年 1 月。

会》（*Book of Common Prayer*）上与圣经十诫相同的劝诫："不可妄称耶和华你上帝的名。"有些基督教会用"I H S"代表耶稣，关于这三个字母有很多种诠释，包括"服侍他"（In His Service）或拉丁文 In Hoc Signo，也就是"以此符号"（in this sign）[1]。

这种做法很有力量——简单而且极度聪明。如果你说不出那个名字，就比较不可能加以不敬或渎神地妄称。而且不说出它，害怕说出它可能会造成什么结果，更使那名字有了近乎魔法的意义。然而，渎神的问题在于它完全取决于意图，因此要看别人怎么诠释。若你运气不好，别人认为你犯下的渎神行为可能比你自己认为的更严重——萨尔曼·拉什迪（Salman Rushdie）就有这种惨痛经验。伊朗的霍梅尼（Ayatollah Khomeini）认为拉什迪的小说《魔鬼诗篇》（*The Satanic Verse*）渎神，污蔑了穆罕默德及其妻妾，于是下达格杀令，使鲁西迪为了自保，必须多年自我放逐地避开伊斯兰基本教义派的怒火。

当然，只因为教会说不可以，并不表示你不会去做。完全盲从不是人类的天性，这时委婉语就派上用场。事实上，我们或许可以说这就是委婉语存在的目的——让你鱼与熊掌兼得，一方面看似遵守禁律，没有不敬地使用神祇之名，另一方面又用其他字词代替被禁的字词，想骂的话大可以铆起来咒骂个没完。

从 1350 年到 1909 年，至少有——八成远超过——36 个委婉

---

［1］Allan & Burridge，1991：37.

意指“上帝”的情绪字眼形诸文字记录。以下是其中一些，按照演进顺序排列：

gog
cokk
cod
Jove
‘sblood（上帝之血）
‘slid（上帝眼睑）
‘slight（上帝之光）
‘snails（上帝指甲）
zounds（上帝之伤）
‘sbody（上帝之身）
‘sfoot（上帝之脚）
goods bodykins（上帝的小身体）
gad
odsbobs
gazooks（上帝之钩）
godsookers
egad

od
odso
ounds
odsbodikins
agad
ecod
goles
gosh
golly
gracious
Ye gods!
by George
s’elpe me Bob
Drat!（上帝烂掉!）
Doggone!（上帝诅咒!）
Great Scott
Good grief
by Godfrey!

我们或许可以说，这里有若干字词不算委婉语，只是有变异、有创意的渎神语。然而这种说法无法解释我称之为“委婉语进程”的东西。委婉语的保存期限很短——一旦原词的污名追赶而至，推动委婉语运作的电池就没电了。前进的唯一方式就是再发明一个新的委婉语[1]。

人们的语言创意之丰富，令人叹为观止。“上帝”（God）可以加以修剪（odso）、扭曲（egad）、省略（'snails）或取代（s'elpe me Bob）。部分可以代替全体（'sblood），或者有时加入混合体（zounds；gosh 来自 God 加 sh），或语意完整的替代（gracious、Heaven to Betsy!）。“主”（Lord）也有类似的变化：“Lordy”“Lawdy”“La”“Land's sake”；“耶稣”（Jesus）亦然：“Jis”“Jeeze”“Jove”“Gee”“Gee whiz”“by Jingo”“Jeepers creepers”“Jiminy cricket”“Christmas”“Cripes”“Crust”“Crumbs”“Crikey”“for crying out loud”。

这些改头换面的字词有些与原词已大相径庭，我们可以判定大部分使用这些字词的人都不知道其语源，也不知道它们原是委婉用语[2]。我们知道，假以时日，委婉语通常会省略剪短，变得约定俗成。几个世纪过去，它们脱离了源头，最后变成自己的仪式化版本。再过几个世纪，我们如今说“what the devil”（或

[1] Hughes，1998：13.

[2] Allan & Burridge，1991：38－39.

"what the dickens" "what the deuce")[1]说得起劲，完全没意识到这些词语来自诺曼底法语的誓词"Deus!"[2]。

当然，我们很难得知原先的宗教意义是什么时候流失的。我们确实知道莎士比亚让笔下的奥菲丽雅说出一大串不敬语，她幸运地对此没有自觉，但当时的观众一定意识得到："la" "Lord" "by Gis" "by Saint Charity" "fie" "by God"。这种幸运的不自觉状态并不难理解。今日我们礼貌地说"祝福你"，表面上是为了防止恶魔进入你因打喷嚏而暂时失去灵魂的身体，但我们并不清楚这句话原始的迷信宗教意义，也不清楚这句话里省略了"上帝"一词以免渎神——或不敬。类似地，当我们说"说魔鬼，魔鬼就到"时，也反映了过去相信"如果讲出撒旦的名，他立刻会应声而至"的观念[1]。

经过许多个世纪的发展和语义变迁，加上社会持续变得世俗化，如今留下了大量来自宗教的咒骂词，其宗教意义——以及相关禁忌——几乎都已褪色，于是留给我们许多已经失去，唔，**劲头**的字词。

罗伯·德赛提出，"基督教的各式神圣存在"[2]即将走上古代北欧神祇索尔（Thor）和欧丁（Odin）的那条路。显然，切斯特

---

1 这几个片语意思相近，都表惊讶，指"到底怎么回事"。

2 即"上帝"之意。

[1] Dooling，1996：43.

[2] Dessaix 于 Radio National 的"*Lingua Franca*"，2004 年 7 月，"On the Euphemism"，http：//www. abc. net. au/rn/arts/ling/stories/s1154074. htm。

顿（Chesterton）曾说过如今没人能妄称欧丁之名[1]。对于咒骂词的爱用者而言，这些都不是问题，因为，当地狱和诅咒变得不太重要，自有俗世咒骂词如干加以取代，后者更适合这个“非信仰的时代”[1]。

然而，宗教词语和骂词的数量之多[2]，令人印象深刻。让我们想想基督教术语中有哪些可供使唤的：有神祇的名字（上帝、主、基督、耶稣、耶稣基督、慈悲天父、仁慈上帝、耶和华），有地狱力量的来源（恶魔、撒旦、路西法、别西卜），也有教会相关的圣物之名（神圣十字架、圣餐、神圣弥撒、圣伤、圣体和宝血）。此外还有列于一级名单的人物　　加百列、马利亚、摩西、约伯、犹大、教宗以及许多圣人，但尤其是彼得、派崔克、马可及多马。同样的，某些旅游胜地也常被人挂在嘴上（耶路撒冷、耶利哥、大马士革、拿撒勒、伯利恒、圣墓、修院）。最后，还有跟来生相关的字词（天堂、地狱、炼狱、该死、祝福、拯救）。

今日很少人会用“gracious”来避免直接提及上帝、避免被控以不敬或渎神罪名。事实上，如今上帝（以他/她多种不同的面貌）总是被呼喊，为各式各样情境——从暂时不便和轻微挫折到严重的忧虑疑惧——提供各式各样服务。这年头，若说宗教之为禁忌字眼的来源还能跟性爱一较高下，那是因为宗教相关字词如

1　意思是，因为该神祇如今已不再受人信仰、敬畏，也就没有妄称的问题存在。

[1] Dooling，1996：13.

[2] Montagu，2001：200－201.

今仍在流通使用的数量非常庞大，而非因为这些字词强而有力。可以说，雷霆的部分已经消失了。

诸如“上天的屎”“天杀的玛利亚”或“万能的屌”这些词，或许是试图结合不同的禁忌元素达到更强烈的效果——宗教禁忌加上性/排泄物禁忌，再加上将两者结合起来的此一行为的禁忌。在一些传统信奉天主教的国家，这类结合词可说又多又精彩，例如意大利文的 porco Madonna（圣母是猪）、porco Dio（上帝是猪），以及 putana Madonna（圣母是娼妓）。

衡量这些字词的一个方式，是禁忌度（taboo loading）这个概念[1]。所谓禁忌度，可以定义为某个咒骂词用在某个情境脉络所含的震惊值（shock value）。咒骂词的激烈程度可以加以评分，用零到六分显示其禁忌度。随着教会影响力式微，一度力量强大的渎圣咒骂词的禁忌度也降低。以前“上帝”一词必须加以回避或掩饰，现在则可以毫无顾忌地随意用在大多数社群，除了最虔诚的社群之外。

计算禁忌度时，脉络是最重要的一点，因为意义并非绝对，而是随着特定语言和特定文化有所不同。如果你跟一群修女共进圣诞午餐，那么不管碰到如何令人挫折的事物，席间你都会避免随口提到上帝，因为在这个脉络下，把场景、参与者、日期/场合等变数列入考虑后，可以预测“上帝”或“耶稣”的禁忌度变得

[1] Taylor，1975：17.

非常高。

由于教会可运用的惩罚资源极多，**地狱**和**该死**这类字词产生了大量坏语言，也就不太令人意外。也许因为过去很长一段时间，这两个词语都被视为可能的目的地或罪恶人生的下场，所以为基督教会发挥了长足的功用。“你该死”“该死的”“下地狱去吧”在今日的俗世社会是相当平淡的诅咒，但以前可是惊天动地的话。关于咒骂模式随时间改变的大部分研究都显示，对一般大众而言，宗教词语已经“失去影响力”。上帝已死[1]，提摩西·杰宣称，而**地狱**、**该死**和**魔鬼**这些词只不过是“增进对话风味的调味料”[2]。

这样说，并不是要小看以往人们对地狱的恐惧。跟其他生理功能或产物相关的咒骂词不同的是，**地狱**是唯一一个代表地点的咒骂词。爱丽丝·透纳（Alice Turner）在《地狱史》（*The History of Hell*）中写道：“地狱的景致是古往今来众人以想象合力进行的最大建筑工程，而参与的主要建筑师都是伟大的创作者。”[3]这里指的人包括荷马（Homer）、维吉尔（Virgil）、柏拉图（Plato）、奥古斯丁（Augustine）、但丁（Dante）、米开朗基罗（Michelangelo）、弥尔顿（John Milton）、歌德（J. W. von Goethe）、布雷克（William Blake）。我们过着想象力贫乏的俗世

[1] Jay，1992：167.

[2] Dooling，1996：114.

[3] Dooling，1996：115.（译按：由正文内容看来，此句引文似应另有出处，而非与下一条出处页数完全相同，疑是原书作者或编排疏漏，姑存之。）

生活方式，或许会不屑古人相信有个叫作地狱的地方，但我们不能忽略的一项事实是：“许多文明……整个活在对地狱的恐惧中，坚信其存在；他们忍受一辈子的自我牺牲，死得缓慢痛苦，只为了希望避免下地狱。”[1]

事实上，蒙特古提出，诅咒可能是演化出来、取代杀人的较不反社会的发泄方式[2]。其假设如下：

> 如果我们认定，所有人类团体有时都会无法完全幸福和平共处，那么暴力行为就无可避免。但胡乱杀戮只会破坏团体向心力，到头来也会危及团体生存。

因此，早期社会谴责杀人，可能不见得基于道德理由（人命神圣之类的那一套），而是因为社会中有生产力的成员死去，会影响团体的经济福祉，到头来也会影响其存续。我们或许可以说这是咒骂起源的马克思主义观点。

但如此一来，愤怒该如何发泄？如果邻居惹火你时，你不再能痛扁他一顿，那还能怎么办？诅咒由此产生——最优雅的愤怒控制方式。诅咒的妙处在于让你在象征层面行使暴力——达成你的目的，又不必违反禁止伤害人身的规定。事实上，有时候，如果你真够幸运，诅咒还会成真——就像某张汽车保险杆贴纸说的

[1] Dooling，1996：115.

[2] Montagu，2001：57－58.

一样："魔法是会发生的!"即使没有成真，但如果你说出诅咒之后心情有所改善，而你的目标对象心情变坏，那就够好了。整体说来，诅咒是一种很经济的双赢策略。

最早期诅咒的存在，跟人们对超自然事物的强烈信仰有关。不管召唤的是哪位神明，不管你是异教徒或基督徒，诅咒都建立在诅咒者（以及被诅咒者）的信仰上。如果你不相信自己投注在让敌人垮台的精力有机会获致成果，那么你的动机一定会逐渐降低。

而当年人们的确对诅咒投注了相当多精力。古希腊和古罗马人使用诅咒石板。巴斯（Bath）的公共澡堂一度充斥这种石板，这种行为的不同版本如今仍在托斯卡尼与爱尔兰某些地区施行。石板依照各人的需求和选择刻上特定诅咒，然后埋起来，或者更普遍的是丢进深水里。

罗马人偏好把刻了诅咒的石板丢进神圣之地——注意此处神圣与不敬的事物交会——但后院的水井或距离最近的河流海洋也是受欢迎的地点。一般而言，把石板丢在哪里通常跟你得拖着它走多远有关。

今人发掘并修复了许多这类石板，其中非常有名的一块如今收藏在约翰·霍普金斯大学（Johns Hopkins University）的考古博物馆。这块石板的年代大约为公元前 50 年，上面刻了一则非常凶狠的诅咒，对象是某个据称作恶多端的男人，有个颇为不祥的名字叫卜罗修斯（Plotius）。我说"据称"是因为，既然我们没听到卜罗修斯的说法，还是别妄下断论比较好。

> 善良美丽的普萝瑟比娜（或萨维雅，若您偏好此名），请夺走卜罗修斯的健康、肤色、力量与感官知觉，将他送交您丈夫普鲁托[1]。请让他无法自行逃脱这番惩处。请您让他每四天、每三天、每一天热病大发作，折磨他直到他灵魂不保[1]。

接下来，这份诅咒一一列出可怜的卜罗修斯的全身部位：

> 我献给您卜罗修斯的头，……他的额头与眉毛、眼睑与瞳孔，……他的耳、鼻、鼻孔、舌、唇与牙，使他无法说出自己的痛苦；他的颈、肩、臂与手指，使他无法自救；他的胸、肝、心与肺，使他无法健康安睡；他的大腿、小腿、膝、胫、脚、踝、脚跟、脚趾与脚趾甲，使他无法自行站立。愿他死得痛苦不堪，一命呜呼。

或许有点累赘，但非常彻底，而且先发制人。此篇的完整内容中提及，这名下诅咒的女性害怕卜罗修斯也制作了一份诅咒石板，因此希望她的诅咒能在二月底之前应验在卜罗修斯身上。报

1　Pluto，即罗马神话中的冥府之神。

[1] Crystal，1987：61.

酬则会在诅咒生效之后奉上："一旦您让我的誓言成真。"十分明智谨慎。

这块石板被一根铁钉贯穿，然后丢进河里，象征诅咒者希望敌人的灵魂被刺穿。显然，仅身体死亡是不够的，灵魂也必须是诅咒的目标。这类装饰给了这种行为定义名称，叫作"钉牢"（defixive）诅咒。

石板诅咒跟其他较传统的仪式一样，都有一套诅咒者必须严格遵守的规则，以求达到最大效果。第一步是以尊敬的正式名字称呼要召唤的神祇，接着详细描述要施展在被害者身上的苦难，然后承诺送上物质报酬（毕竟神明也要混饭吃），最后则订定诅咒应验的期限。其实跟发票也没什么太大不同。

如果你认为石板诅咒只是一种怪异、守旧、但基本上仅限于特定地区的古老习俗，跟战车赛跑和品尝毒堇[1]一样，那么，一个令人警醒的消息是，类似古人这种石板作风的诅咒，最近期的一个公开例子出现在 1910 年，一则诅咒刊登在法国一份乡下日报。被诅咒的对象是个住在巴黎的女人，诅咒内容召唤"伟大的圣埃斯特米纳"去"折磨费南德・X 夫人的灵魂与精神……（列出她巴黎的住址），透过她的五官知觉。"接着："愿她被想离开她丈夫的愿望折磨、纠缠。"然后诅咒者请圣埃斯特米纳去折磨她自己的丈夫，同样透过他的五官知觉。

1　hemlock 为一种有毒植物，苏格拉底被处死时便是饮下此种植物汁液，这里作者应是拿此事来开玩笑。

我们可以假设诅咒者发现自己的丈夫和这位费南德·X夫人有染，但这纯粹只是猜想，因为诅咒者接着又说："愿他（也就是前述的丈夫）只有一个念头——就是给我钱。"这份诅咒背后或许有好几个动机。至于X夫人，我们不禁纳闷她是否读乡下报纸，因为如果她不读，那么对于自己即将大祸临头一事，她就跟古代那些受害者一样浑然不知了。

@*%!

要提出使人信服的论点支持咒骂，并不难。随便一想就有三样好处。首先，它鼓励你表达并具现你的情绪，为情绪画出界线，把焦点集中在情绪上，用相当特定的管道加以发泄。这对人一定有好处。其次，把另一个人当作目标的同时，你就是把自己的不满——不管内容为何——归咎于外在的起因。这样一来，推卸责任就容易多了。其三，界定出争执的起因，它对你造成的冲击就有限，让你不至于受到太大负面影响。

心理学家告诉我们，就心理层面而言，将责任归于外界是一种健康得多的做法；事实上，归咎己身据说是悲观态度的要素与精髓[1]。此外，诅咒是建立在坚定的信仰上，而任何研究快乐的人都会告诉你，有信仰的人绝对比没信仰的人快乐得多。换句话说，正式诅咒——即使不是自行雕刻石板那种方式——能为全国人民大幅减低心理疾病的医疗费用，使我们不再日益依赖百忧解、

[1] Seligman (1990).

心理专家和另类治疗师。制药业和自然疗法业可能不会太高兴，但就算他们倒霉吧。

有些人认为宗教信仰和诅咒有关，而相应的，无宗教信仰则与咒骂有关——这派想法或可称为“诅咒结束而后咒骂方始”，认为古希腊和古罗马人不需要普通寻常的坏语言——亦称为詈骂（vituperative swearing）——因为他们对他们的钉牢诅咒抱有十足信心。最早的罗马法律已有相关条例，限制诅咒的对象、地点和原因；这不是想做就可以随便做的事，人们对此非常严肃看待，因为，说到底，诅咒是建立在信仰上的。因此，诅咒并非只是字词——当时它被视为具体的武器，会有具体的结果。

如果诅咒建立于信仰，那么缺乏信仰一定会影响诅咒。如果你不再相信以往所祈求的神祇的力量，就不太可能会请他们帮太多忙。然而人生在世，难免偶尔会有暴躁跳脚的时候，也难免偶尔会树敌。这时詈骂便派上用场，就算别无其他功效，也能使说者立刻得到清涤与发泄，运用的则是以往诅咒所使用的言语公式。“当一个民族不再确信诅咒可能成功，咒骂便蓬勃成长。”[1]

如今咒骂和诅咒这两个词几乎可以互换使用，原因很清楚。同样清楚的是，何以杜林（及许多其他人）强烈反对法律限制使用猥亵及污蔑字眼的言论自由，主张咒骂这种需求“来自我们原封不动的灵长类无意识”[2]，是这部分将我们的言语和“灵长类的

[1] Montagu，2001：48.

[2] Dooling，1996：11.

叫声”联结起来[1]。这是一种自开天辟地以来就必须满足的需要。“打从第一个穴居人走出山洞要去撒尿、不小心撞到头开始，咒骂就一直存在——很可能早在字词、战争、战争的字词以及字词的战争发明之前。”[2]

我们很容易认为诅咒是一种相当原始、毫无区别的言辞行动，几乎发自本能。然而，虽然本能确实占了一席之地，但记录显示情况并非“诅咒就是诅咒，没什么不一样”这么简单。事实上，诅咒具有高度区别，在时间和空间方面皆然。首先有两大类型，取决于行使的方向，以及最终意图。如果欠揍的是邻居，那么诅咒就是他人导向：“再不把音乐关小声点，就下地狱去!”“愿上帝惩罚你对我太太的非分之想!”但诅咒也可以针对自己：“若我不照你的话去做，愿遭天诛地灭!”“我真的是不小心忘记你的生日，若有半句不实，愿遭天谴!”

显然，自我导向的诅咒比他人导向的诅咒更具象征意义。事实上，自我导向的诅咒也就是“咒诅”（adjurative swearing)，另一种更简单的说法就是发誓（promising)。想想这段话：“我发誓字字属实、句句属实、无一不实，愿上帝做我见证。”[1]发誓时以神明震怒作为背信的惩罚，是广为人接受表示认真程度的指标，甚至时至今日亦然，我们称之为“誓词”（在法庭上)、“盟约”（在

[1] Dooling，1996：10.

[2] Dooling，1996：10.

1 这是欧美国家证人出庭作证时需手按《圣经》所做的宣誓。

婚姻中）或“法律合约”（除前两者之外的几乎所有事物）。

以宗教术语为本的誓词有一大堆，**上帝啊，主啊，十字架啊，圣灵啊，圣母啊，天上的诸圣啊**只是其中几例，用于严肃场合的基督教乞灵语句。主流教会向来认为此一版本的诅咒与不敬或渎神的咒骂大相径庭，而差别当然在于意图。

有趣的是，有些基督教派，如清教徒和贵格会，对这种誓词同样不赞许，一如教会当局不赞许其他更明显的不敬语。我问过一个隶属基督复临安息日会（Seventh Day Adventist）、严遵教律的邻居，该会教友可否用圣经或上帝来发誓。他的回答是，这条规定跟其他规定一样都没有明文表示，但“耶稣说过我们不可起誓也不可论断人”[1]。如此看来，这项规定包括了誓词和诅咒，事实上还包括咒骂本身。因此今日可能出现一种有趣的情况，两个人——一个是坚定的无神论者，另一个是信奉基督教某派的教徒——出庭作证时都拒绝以圣经或上帝来发誓，但拒绝的理由却出自两套完全不同的思路论点。

因此诅咒和誓词两者都源自有目的（尽管目的不同）的行为，也都发挥了长足的功用。不过，今日大多数人都会同意，它们已经没什么用了。当初一整套具有高度区别性、丰富的（有些人或许会说高贵的）言语行为，如今只剩一般性的咒骂。有些人甚至可能认为这是一种失传的语言，值得哀悼。

1　典出《马太福音》五章三十三节及七章一节。

诅咒的一个重要用词——**该死**——的演化，很能说明咒骂词的语意进程。**该死**原先是带有“下地狱”意味的纯教士阶级用词，但一如大部分基于宗教的咒骂词汇，它已离开了主要表达惩罚的位置，变成现代俗世用来表示轻微恼怒或不赞许的词语。底下我们将看到，在这段演变过程中，它也染上了各种不同色调、不同深浅的掩饰伪装，而那些伪装成了代替它的委婉用语。

英文的**该死**（damn）最早出现于 1280 年，源自拉丁文 damnum（“损伤”“损失”及“伤害”），表示加诸伤害或损伤或损失，定罪或判决（doom）应受惩处。顺带一提，如今意指命运、毁灭或摧毁的“doom”一字，则源自 17 世纪初，与基督教的最后审判日有关。“该死”最早是“宣布审判”之意，但从 1325 年左右开始，教会再也忍不住了，此字最早用于神学脉络的记录就出现在那一年。

要了解教会如何反对一般人用**该死**作为诅咒，我们必须了解这个议题最基本的领域性：理由非常简单，就是“你们不能用这个词，因为它是我们的”。教会认为这种谴责别人该死的诅咒，或者说得更正确些，这种将某人打入地狱永世不得超生的言辞行动，是仅限教会才可行使的。就像我那位安息日会的邻居所说的，论断人不是凡人该做的事。普通人若大胆僭越这项功能，将有丧失灵魂的危险。

就算不说别的，这点至少清楚显示出行动与惩罚的连带关系：如果你胆敢用“该死”诅咒别人，你自己也会受到谴责而该死。

教会何以拼命保卫他们的势力范围，也不难了解。毕竟，让我们面对现实吧，真正的重点在于，可以谴责别人该死，就等于握有惩罚别人的势力，而这种势力正是权力的核心。我们或许可以说，这种做法总比十亿元的国防预算来得经济。而且也不能怪他们相信：一旦放松了对责罚的控制，便将是结束的开始。说不定他们想得没错。

然而，能看出这一点，也就能看出何以普通人想得到谴责别人该死的权力。毕竟这种事又不需要任何正式资格、特殊道具或装备，只是简单的言语行动。一如语言学分类为述行语（performative）的其他字词，**该死**只需开口说出，就能达成把人打入地狱的意图。其他这类动词也跟正式的宣布有关，如宣布一对男女结为夫妻，为婴孩施洗或命名，命名一艘船或一本书，或开一家餐馆。只要说出，事情就发生。把人打入地狱是如此容易，所以如此诱人。只需一个经济实惠的音节[1]，就大功告成。

> 把人打入地狱的权力向来有难以抗拒的吸引力。阴间的火焰、硫磺、烟雾、恶臭，还有那些折磨人的恶鬼，都提供了令人心满意足的条件，最适合把你的敌人送去那里[1]。

你甚至不需要知道硫磺是什么，也能感觉到它的力量。既然

1　此处指的当然是英文的情况。

[1] Montagu，2001：281.

它如此吸引人又如此容易，难怪教会的三令五申一直被当作耳边风。到15世纪初，“上帝该死”（Goddam）[1]一字在英文中用得如此广泛，法文俚语甚至用它来代表英国人。18世纪后半叶，法国讽刺作家伏尔泰（Voltaire）在英国住了一段时间，学会了“上帝该死”，用得津津有味。博马舍（Pierre-Augustin Caron de Beaumarchais）的剧作《费加罗婚礼》（*Le Mariage de Figaro*，1784）中，一个人物断言“上帝该死”是英语的基础。

18世纪70年代，德国哲学家里腾堡（George Christoph Lichtenberg）旅行英国时，曾尖酸地说，如果旅人在一个城镇听到的第一句话便是该地的地名，那么伦敦就会叫作“该死的”[1]。当贝索·霍尔（Basil Hall）造访日后将名为夏威夷的那处群岛——距库克（Cook）初次登陆当地约40年后——一名岛民对他的正式欢迎词是：“很高兴见到你！你的眼睛该死！我很喜欢英国人。热得见鬼了，先生！上帝该死！”[2]看来，当时**该死**不但历久不衰，还漂洋过海。

尽管清教徒和贵格会教徒都不用誓词或诅咒，**该死**还是设法横渡大西洋，来到了美国东岸，就此一日千里。《新英格兰语言地图》（*The Linguistic Atlas of New England*）列出一长串**该死的**委婉语，大部分都以/d/音开头——dem、dum、dim、deam、dan、dang、ding、

---

1 为God damn you/it（上帝罚你/它该死）的缩减变体。

[1] Montagu，2001：282－283.

[2] Captain Hall的旅行回忆录，引用于Montagu，2001：356。

dash、dast、dag、dad、drat 都是很明显的委婉语，让“说者一开始彷徨要说出那个被禁的词，然后转向较无辜的方向”[1]，但听者照样很了解他的意思。然而，随着时日渐久，/d/退化了，代用词变得更多[2]，包括 blame、blast、bust、burn、bother’m、bugger、butter、confound、condemn、consarn、condarn、curse、cuss、crump、gast、gum、hang、rat、ram、rabbit、shuck、torment、plague、dunder、tarn。

及至美国独立革命时期，“tarnal”一词广为使用，看似跟原词差得很远，但其实不然。随着时日渐久，“eternal damnation”（永世该死、不得超生）第一个字的弱音节消失，变成“darn”“darned”“darnation”和“tarnal”。一份未经证实的报告指出[3]，在 2001 年，新英格兰某些地区仍视“去补你的袜子吧”（go darn your socks）为比较适合女士说的情绪字眼。与此同时，“God dammit”也演化成委婉的“dog on it”，然后再变成常用的情绪字眼“doggone”。此词表面字义与狗相关，离原先遭禁的宗教意义如此之远，因此禁忌成分几乎消褪殆尽。

我们谈过，委婉语的主要功能是柔化字词的禁忌度。例如“doggone”的禁忌度就比“Goddammit”低很多。当然，这些禁忌度并非完全固定不变。奥立佛·温德尔·霍姆斯大法官（Judge Oliver Wendell Holmes）曾说：“字词不是水晶，透明不变；字词

[1] Jespersen（1962：229），引用于 Hughes，1998：7。
[2] Montagu，2001：298.
[3] 引用于 Montagu，2001：298.

是活生生思绪的皮肤，其色彩和内容可能随着使用环境和时机而变化多端。”[1]

因此这方面没有简单通用的指南手册，就像那种教你怎么清除污渍的书，只消翻查闯祸的污渍（油？酒？血?），书上便会告诉你该怎么办。咒骂的规则与脉络的关系密切得多，这使得咒骂词比较有弹性、可变化。别的不说，字词实际的禁忌度取决于主观诠释，也取决于说者与听者的关系，以及该词使用的社交脉络。就像先前我们举过那个跟一群修女在修道院共进圣诞午餐的例子。

我们需要适当的咒骂准则，也需要知道该如何适当回应。比方说，若你打断同事一串流畅的咒骂，指出这句话“禁忌度是五”，就是很荒唐的反应。正常情况下，正常人不会谈论自己谈话的方式。所以反干谯者很喜欢咒骂罐[1]这个非常实际的主意，这种简单的处罚方式让大家有公款可以吃吃喝喝，也闪避了在咒骂实际发生的**过程中**去**谈及**咒骂的问题。

最后，我们永远不该忘记，社交咒骂很可能含有审美因素。关于马克·吐温有个很精彩的故事：他常常咒骂，尤其爱用不敬语，这习惯让他太太很受不了，有一天她便咒骂了惊人的一大串，希望借此让他明白她平常得忍受听到什么话。他有礼地聆听，然后淡淡说道：“词儿是都对了，亲爱的，但音乐有点走调。”[2]

---

[1] Justice Oliver Wendell Holmes，引用于 Dooling，1996：24。

1 也就是指开口咒骂的人需要交罚金，投入罐中充公。

[2] Montagu，2001：68.

狗娘养的

为什么？因为山干他妈的在那里啊！

——艾德蒙·希拉瑞[1]

想想这一点：“男人”的语义领域（semantic field）包含大量词语，其内包意义多半是正面或中性的（随手举几个例子：guy、bloke、chap、fellow 等[2]），但表示“女人”的词却主要是负面、充满性意味，且经常带有非难的道德色彩，比方：马子（bird）、娘们（broad）、贱人（bitch）、婆娘（cow）、情妇（mistress）、小妞（crumpet）、母夜叉（hag）、泼妇（shrew）、婊子（strumpet）、丫

1 Edmund Hillary（1919—），纽西兰登山探险家，1953 年与尼泊尔雪巴伙伴 Tensing Norgay 成为全世界首次登上珠穆朗玛峰的人。此处显然是戏仿希拉瑞对“为什么要登山/攀爬珠峰”这类问题的可能回答。

2 这几个词意思相近，约略都指“家伙”，但一如文中所言，含意皆偏向正面。

头（filly）、老悍妇（battleaxe）、蜜桃（dish）、祸水（vamp）、浪女（tramp）。就连“致命尤物”（femme fatale）追根究底也是侮辱。

两性之间有两项极大的语义不平衡，这是其中之一，牵涉到情绪或内包意义的联想。想想看，“女人”比“男人”容易变成骂人话。“天杀的女驾驶!”跟“天杀的男驾驶”或“天杀的驾驶”感觉不同，不知怎么的，“女”一字就是让这句辱骂更加刺耳。很多女人不满于被称为“女士”，原因在于如此称谓暗指“女士”是委婉用语，因为“女人”就是不太好听。

然而，“男人”和“绅士”就没有这种潜藏的污名，“男人”本身便足以用作强而有力的中性或正面词。我们面对现实吧，这词当然得强壮又正直啊——直到非常晚近，女性主义者指出“男人”一举排除了一半的人类之前，这词一直理所当然地代表全人类哪[1]！

第二项不平衡跟意义随时间改变的模式有关。修斯追溯一百多个代表女人的词语（他宣称还有其他词未能收入这份列表）从13到20世纪的演变，发现许多如今只指女人的负面字词以前意思更广，且男女都适用。更重要的是，他发现，只有当用途开始窄化、只限描述女性的时候，负面含义才出现。虽然现在看来或许难以置信，但“荡妇”（harlot）和“破鞋”（wench）曾经不限性

1　这里是指英文常用 man 或 mankind 来总称全人类。

别，且当时也尚未贬义化。字词发生贬义化的过程，在语言学上有个可爱的名字，叫作“恶化语义学”（the semantics of deterioration）[1]。

有时候，负面词义在用途窄化之前便已经存在。想象一集《这就是你的人生》（*This is Your Life*）节目，以“泼妇”一词的个人历史为主题，主持人可能会说：

> 你最早是一种啮齿动物的名字[1]，然后随着时日渐久，逐渐发展出很丑恶、很负面的隐喻延伸意义，来自于人们认为与老鼠有关的恶性。人群居处拥挤脏乱、卫生习惯差、不时再来场瘟疫，更为这种发展推波助澜。你的生涯接着移进下一阶段，发展出与恶魔有关的邪恶意义。这时你仍然只用于形容男性。但随着你的语义继续败坏，到 13 世纪初，你发现自己开始女性化了。例如乔叟在《坎特伯雷故事》（*Cantubery Tales*）的序中便提到你，用法近似我们今日怒骂一句“贱人”。然后，不知不觉中，你的用途变窄了，只用在女性身上。泼妇，恭喜！这就是你的人生！

这现象并不仅限于语言中的性别议题。若我们检视与老年有关的污名，会发现原来当作委婉语掩饰老年污名的字词自己也很

[1] Hughes，1998：223.

1 shrew 一字亦指鼩鼱。

快染上了污名，因而失去委婉语的特质。“老耄”（senile）一词原先竟是“老”的委婉语，今日看来很令人惊异。同样的情况也发生在禁忌话题上，例如死亡：“undertaker”（葬仪业者）一词的意思一度广泛、通用得多，但随着它变成与丧礼和死亡有关的委婉用语，其语义范围也跟着窄化。污名和禁忌非常有传染性，轻易就能忘恩负义地附着在字词上，因此它们的委婉语通常有效期限都很短。基于这个原因，性、生理功能以及死亡，都有庞大的语意领域。

简言之，每当污名或禁忌重新附着于当下使用的委婉语，该词就无法继续使用了，需要新的字词。日前我与人交谈时用了“失能”（disabled）一词，结果对方告诫我该找个“更好”的词语，这反应显示“失能”已逐渐步上“残障”（handicapped）的后尘，我们又需要物色新词了。难怪我们有多达两千五百个字词指男性与女性生殖器！

语言学家，尤其是辞典编纂者，性喜分类，也就是说他们最爱把字词分成一套一套，大套之下又有小套，然后欣赏这些分类是多么整齐利落。修斯拿“女人字词”如此施展了一番，分出九个范畴：巫婆/母夜叉组，指恶魔般的女人；悍妇/泼妇组，指不自然、具有侵略性、像男人的女人，这两者有所重叠；天使/女神组的女人被视为超乎人类、提供性灵救赎的生灵；其他还包括：作为讨喜宠物的女人（小老鼠/小羔羊，以及每年情人节报纸广告都会出现的各种可爱小动物）；被诅咒为禽兽的女人（母狗/母牛[1]）；作为可供享用的物品的女人（蜜桃/骚货[2]）；作为嫌恶对象的女人（脏货/淫妇）；以及数量占压倒性多数的、性变态的女人（娼妓/荡妇），此类别又与水性杨花/娘们组有所交会。各式各样任君选择，多得就像纽约熟食店里的酱料种类。

比较辱骂词汇，也能看出两性之间的语义不平衡。女人咒骂男性时，能使用的字词范围有限，大部分——**鸡巴**、**屌头**（dickhead）和**屁眼**——指的都是对方的人格令人讨厌，最多也只是缺乏道德水准而已。一名男性资料提供者[3]不同意我的看法，认为“怪胎”（creep）、“呆头”（boofhead）和“没卵葩”（limpcock）更糟得多。然而这些全比不上男性对女性辱骂一句**臭屄**那样邪恶狠毒。

我们已经探讨过**屄**本身的各种变化，但在此处谈及性别不平衡的脉络之下，还有需要补充的东西。尽管中古世纪对撒旦和超自然力量的迷信如今大多已成过去，但对一些人而言，**屄**仍是现代世界中最接近“邪恶”的同义词。这是一项由来已久的传统，修斯相当漂亮地称之为“丑恶事物的女性化”。我们已经谈过，“泼妇”早在女性化之前便已有丑恶、邪恶的内包意义。“母夜叉”原先是以女性形貌出现的妖魔。“喷火龙”先是被魔鬼化，然后拟

1 此二词原文分别为 bitch 及 cow，前文着重其语意，译为“贱人”和“婆娘”，此处由于分类涉及字面原意，因此采取直译。

2 此二词原文为 dish（一盘菜色）及 tart（水果塔、蛋塔之类的糕点），引申义则分别为“秀色可餐的女人”及“性关系随便、卖弄风情的女人”。此处为保留与食物有关的分类意义，酌做此译。

3 informant，此处指为语言学研究提供自己母语资料的人。

人化，然后女性化[1]。特玛冈（Termagant）则是凶暴的神祇，据说为穆斯林所崇拜——这招真不错，一举结合了憎女（misogyny）与恐外（xenophobia）心理。

“哈媲”（harpy）是一种半女半鸟的猛禽，污秽又贪婪。“赛沦”（Siren）原先是蛇，后来演化成另一种半女半鸟的生物，用诱惑的叫声引诱水手送死——颇类似美人鱼，不过没有鱼尾巴。“赫锐丹”（Harridan）原是法文的陈旧老词，在英文中发展出新的意义，变成令人倒尽胃口、母老虎一般的枯槁老女人（好像光说“老女人”还不够似的）。“浪女”本来指男性流浪汉（如今在某些地方仍用此义），后来变成人尽可夫的女性[2]。类似的例子不胜枚举。

这个模式仍在继续。第五版的《柯林斯辞典》（2003）收录了“烧兔子的人”（bunny burner）这个词，指心理状态不稳定、跟踪其男性受害者的女人。此词源自1987年的性政治悬疑电影《致命的吸引力》（*Fatal Attraction*），片中葛伦·克萝丝（Glenn Close）的角色煮了一只宠物兔。这部片子可以让你同时对一夜情和兔子都退避三舍。

有人提出，支撑“娼妓”与“天使”这两大原型的，是根深

1　西洋的dragon与中国的龙无论外形、含意、联想都大相径庭，是一种为恶的神话动物。如今亦可用来指（凶恶、老丑的）女性。

2　tramp既有流浪（汉）之意，中译便取其“浪”字。在此也可看出中文与英文同样有性别不平衡的词义问题：指男性的“浪子”虽不算纯粹褒奖，但其实有某种风流不羁的类似正面意义，但“浪女”则只有性关系杂乱的意思。

蒂固、充满宗教意味的两个角色榜样：夏娃和玛利亚。这两个女人（或者我该说“女士”?）提供了“女性性格的对立榜样”[1]。一面是夏娃——不听话，脚踏大地，肉感而具诱惑力，让人联想到罪恶、受苦、罪咎与羞耻——另一面则是玛利亚——顺从，虚无缥缈，纯洁无瑕，是救赎的媒介与象征。

夏娃是不纯洁的情妇形象，与人类堕落的神话紧密地相连，对她而言，怀胎是种悲伤的诅咒[2]。玛利亚是纯粹的母亲形象，是潜能无限的恩典工具，对她而言，怀胎是神恩的来源。修斯提出，这两个原型在耶稣钉十字架的场景合而为一，由堕落的抹大拉的玛利亚代表，她是“伤感的”妓女，而“伤感的”（maudlin）一词正是“抹大拉”（Magdalene）的变体，其意义则与泪汪汪的悔罪相关。此种二分法在许多其他场景也一直出现[3]。

当然，随着基督教会权力式微，其对罪恶、罪咎、受苦、告解与救赎的原始概念影响力也减弱，使处女/娼妓这两种极端之间的紧绷关系趋于缓和。洁曼·葛瑞尔等女性主义者为提高大众意识所做的努力，无疑也起了推波助澜的效果。

但是，仿佛咒骂语言里大量辱骂女人的词还不够，男人不仅在直接诅咒女人或谈到女人时使用这套憎厌女性的弹药，连骂男人时也不放过。**狗娘养的**和**干你娘**都绕道通过女性来达成言词暴

[1] Delaney（1974），引用于 Hughes，1998：218。
[2] Hughes，1998：218.
[3] Summers（1977）.

力。我们不禁纳闷，通过父亲或兄弟或儿子来诅咒男人难道就不够冒犯吗？但“鸡巴养的”或“干你爸的”就是不够力，对不对？它们缺少了有效咒骂词那种**难以言喻**的味道。

有时候，努力把女人加在咒骂句里，会出现颇奇怪的结果。我一位女性朋友在墨尔本一处公车候车亭看到“你妈吸死狗的精”这句涂鸦。众人都认为这位朋友世故、老练，没什么事物会使她震惊。她向我保证，当时她读到并不觉得被冒犯；然而过了四十多年，她仍然记得这句子。她不保证句子完全正确无误，相当怀疑原句中有没有“的”字。

若女人纳闷男人何以把这么多恶毒字词用在她们身上，也情有可原吧。当然是憎女心理作祟，但这种心理从何而来？有个概念相当吸引我，主张男人本质上对女人抱着暧昧模棱的态度：一方面有种离心力，希望逃脱女人（母亲、妻子、小学老师）的掌控；另一方面，又有种睾丸酮驱动的、鲜少减退的向心力，追求性满足。“女人应该有乳无口”[1]这句话，据称出自古鲁丘·马克斯[1]之口；虽然是玩笑，但此言与其说描述女性，不如说对男性心理有更多揭露。

这种下半身思考的心态——如果光鲜亮丽杂志说的话可以相

---

[1] Groucho Marx，引用于 Dooling，1996：93。

（译按：此处原文 Women should be obscene and not heard，是拿俗话说小孩［或其他阶级地位较低的人］应该有耳无口［should be seen and not heard］来开玩笑，obscene［猥亵］与 seen［被看见］二字发音很接近。此处姑按“有耳无口”一语暂译为“有乳无口”。）

1 Groucho Marx（1890—1977），著名谐星“马克斯兄弟”之一员。

信——宣称年轻男人每五秒就冒出一个关于性的念头。那么，男人只要想到女人，不管负面还是正面念头，似乎总是充满“性”趣，或许也就不足为奇。玛格丽特·爱特伍（Margaret Atwood）曾指出，男人用性相关字词当作侮辱也当作夸奖[1]。男作家的作品常被称赞为“有种”，女作家的作品也可被称赞为“有种”，但何时有谁称赞过女性（或男性）的作品“有奶”?

D. H. 劳伦斯认为，文艺复兴时期肆虐英格兰的梅毒让男人如惊弓之鸟，怕染了性病，而这点很方便用作嫌恶女人的借口。但他倒似乎忘了，这种事是一个巴掌拍不响的。另一套解释则认为，这种畏惧加厌恶/吸引力的拔河，原因在于阴道是隐蔽的，而隐藏则造成神秘感——唔，不过中耳就没有神秘感啊。但如果从隐蔽到神秘只有一步之隔，那么从神秘到边缘也只有短短一步，接着就从边缘变成邪恶，从邪恶变成畏惧[2]。

从其他社会与政治不平权现象的脉络看来，比较可能的原因似乎是，憎女心理是整体心态的一部分。事实上，修斯对性的历史语义学做了全面研究之后，似是而非的结论是：男人用在女人身上的难听词语之所以长久、大量、占压倒性优势，根本上是“一种群众心理语言学现象”[3]，不受整体社会发展影响，也不会有相应的变化。

---

[1] Atwood（1982：198），引用于 Hughes，1998：209。

[2] Kidman（1993），与 Cliff Goddard 的私人通信。

[3] Hughes，1998：228.

研究咒骂与性别时，经验探究和门外汉语言学都关注两大议题，一关乎量，一关乎质：前者是男性与女性咒骂次数的相对比例，后者是男人和女人实际用来咒骂的词语。

让我们从量开始。历史上有很多资料，显示男人比女人更常咒骂。蒙特古研究古希腊的咒骂，说荷马《伊利亚特》（*Iliad*）的众英雄一定都咒骂过："因为他们只是阿兵哥，而阿兵哥向来都会咒骂。"[1]这点听来颇有真实性，就算只考虑"像阿兵哥一样满口咒骂"这个片语。但蒙特古采马克思主义观点，认为自古以来士兵和水手特别专精咒骂的艺术，是拜压迫所赐。换言之，咒骂能"舒缓受困的精神"。

世界大战无意义地屠戮大批士兵，造成大量咒骂也就不足为奇。生理心理的压力，痛苦与匮乏，清一色男性的环境，发泄于战役的重重愤怒与挫折——加起来创造了咒骂蓬勃发展的理想条件。一份报告宣称："士兵将**干他妈的**用作形容词，修饰其字汇中几乎所有名词。"[2]不管从哪个角度看，这都无可非议。早期研究猥亵语言的作家艾伦·沃克·里德（Allan Walker Read）说，一个国家既然做得出把年轻人送去杀人和被杀这种事，那么应该也不会对几个字词大惊小怪[3]。

也有人指出，在这种情况下，咒骂颇类似祈祷。祷词和咒骂

[1] Montagu，2001：23.

[2] Dooling，1996：9.

[3] Allan Walker Read，引用于 Dooling，1996：10。

词都是向一个更伟大的存有而发，要求更多火力也好，希望保住性命也罢。翻过壕沟冲进敌军火网的士兵会尽其所能高声呐喊[1]。一名老兵说，一半的人会祈祷，另一半的人会咒骂。

男性咒骂多半在公开场合，这有助于研究咒骂的性别差异。然而，就算考虑到荷马之辈比较可能记录男性主导的活动如战争，而非女性主导的活动（维护身体、灵魂、王国及下一代的健康），但女性并没有任何不利于咒骂的天生条件使其无法与男性平等。无论从神经、身体结构，还是从生理机能来说，咒骂的构造都是两性相同的。

哭泣之于男性亦然。男性并没有任何先天条件会使哭泣变得较艰难或较不自然。对此，杜林可能会表示异议，又或许他底下这段话只是夸大其词："由于男人天生无法好好大哭一场，当他们面对……逃跑、哭泣或战斗这几项选择时，咒骂不失为一种方便的折中方式。"[2]我没找到任何直接或间接证据显示动情激素与流泪有关，然而，除了跨文化的差异之外，男人似乎总是比女人少哭。咒骂（对女人而言）和哭泣（对男人而言）的类似之处在于，两性被社会化，做出社会视为适宜的行为。

在几乎所有情形下，恼怒或挫折到极点的女性掉眼泪都比较不会引人非难。女人的眼泪有两个好处。单从哭泣者的角度来说，眼泪提供了生理与心理的立即缓解，发泄积压的情绪。一个颇说

[1] Montagu将此语列为出自Kingsley Amis，Montagu，2001：328。

[2] Dooling，1996：8.

得通的论点宣称哭泣会释放一种“自然麻醉剂”，这就是哭完后心情会变好的原因。

第二个好处比较有社交性：眼泪向在场的任何旁人显示了哭泣者的心理状态。就旁人的反应会受眼泪影响这一点而言，哭泣可说是一种社交事件。事实上，有些场合人们预期女性应该哭泣，若这预期落空，该女性便会受到怀疑和敌视。在那件著名杀婴案中被冤枉指控的琳蒂·钱伯伦[1]，没能在大庭广众下为失去婴孩阿莎莉雅而哭，这点可能对她造成无法弥补的损害。

现在让我们想想男性咒骂的功能与好处。从咒骂者的角度来说，这可以带来立即的清涤效果，释放情绪。在愤怒的脉络下——公路发飙[2]是个很好的例子，不过任何一种发飙都行——咒骂让暴烈的精力得以发泄，否则那股精力可能会转变成肢体攻击。但是，一如女性的哭泣，男性的咒骂也有社交功能，让附近其他参与者/旁观者知道咒骂者的状态，可以由此选择适合的回应。回应可能是语言的，比如说出安抚劝慰的话，以息事宁人；或者可能是非语言的逃避，比如关上车窗踩油门。此外，咒骂这种象征暴力也可能招来对方回敬，或者进一步演变成肢体攻击。

我知道以下这段说法会泄漏自己的性别，但我仍忍不住觉得，

---

1 Lindy Chamberlain 为 1980 年轰动澳洲的失婴/杀婴疑案之核心人物。她坚称女儿阿莎莉雅在露营地被澳洲野犬拖走，但 1981 年与其夫双双被判杀人罪；后由于与其说辞相符的证据陆续出现，法庭于 1988 年取消其有罪判决。此案并曾改编成电影《暗夜哭声》（*A Cry in the Dark*）。

2 road rage，指“汽车驾驶对于路上碰到的事件（如被超车、遭到擦撞）出现比一般情况暴烈许多的情绪反应”此一特殊现象。

如果双方——公路发飙者和被发飙者——都大哭一场，说不定大家都能比较容易也比较迅速地发泄精力，达成和解。当然，国际冲突亦可比照办理，不过这样一来军火业可就不乐意了。

社会史和文学作品显示，女人在公共场合遭遇负面情绪时，社会化的因素会促使她晕倒或哭泣。蒙特古主张，哭泣这项资源使咒骂变得不必要，此论点得到另一项反向论证的支持——妓女据称是咒骂高手，而且不会哭泣，至少哈姆雷特那段激切的独白是这样说的[1]。一旦可以咒骂，是否就不再需要哭泣？

这个论点十分对称工整——咒骂率高，哭泣率便低。不过我个人对此比较谨慎，若没有真实语句的资料可供佐证，还是不要对妓女（或任何人）的行为一概而论。如果夜里讨生活的女子确实特别偏爱咒骂，难道不是因为她们常与不好惹的男性为伍，且在这一行，摆出强硬难缠的样子可能攸关你是否活得下去？

也许这只是韧性的另一个面向。韧性，或者说“后天习得的生存技能”，是一些参与研究的女性对女性咒骂实例的诠释[2]。何况我敢说，鲜有男人有立场可以猜测妓女独处或身在只有女性的环境时为何或如何流泪。

另一方面，当代女性较常咒骂，也较少在人前哭泣，这两项事实或许能支持蒙特古的论点。毫无疑问，女性在公众场合晕倒的年代早就过去了。昏晕（swoon）一词无论用作表示昏倒的名词

[1] Montagu，2001：87.

[2] Tylor（1997）.

（“她一阵昏晕”）或动词，在辞典里都标示为“文语”或“旧语”。一旦字词的用途进入这些范畴，能找到它的地方就不多了，其中之一是古装小说。

我想我们大多都能同意，在这新千年的第一个十年，女人昏晕得少了，咒骂得多了。然而，女人是否跟男人咒骂得一样多？人们确实**相信**男人咒骂得较多。事实上，有许多门外汉语言学看法广为流传：男人比女人常咒骂，数量和强度都较高；男人比女人更能轻松咒骂；社会态度比较容许男性咒骂；咒骂的女性比男性更会受到负面评判。

过去30年来，这些看法受到各式实际检验[1]。现在我们知道，虽然统计数据显示男人倾向比女人更常咒骂，但性别差异远不如门外汉语言学认为的那么明显。近期一份关于男人、女人及语言的研究指出[2]，研究中唯一清楚浮现的实证是：许多世纪以来，人们始终相信女人讲话的方式**应该**跟男人不一样。但**应该**显示的只是规范性（prescriptive）的看法，而非实际的言谈模式。

资料难以收集，影响了研究的进行。咒骂大部分发生在非正式场合，或发生在自然而然的情境如公路发飙，前者研究者很难进入，后者则很难预测（至少目前如此）。然而有一项结果一再出现，那就是咒骂已不再是男性的特权了[3]。

---

[1] Kidman，1993，Section 5. 1.

[2] J. Coates，1998，*Language and Gender*.

[3] Kidman，1993，Section 5. 1.

40 多年前，罗斯（Ross）做了一项非常有意思的实验，研究压力与咒骂之间的关系[1]。该实验虽然环境条件相当局限，但却极具重要性。一支大学勘探队前往挪威境内的北极圈，成员有八人——五男三女，七人是动物学家，一人是心理学家。其中三人被视为非咒骂者，其他人的咒骂则偏向渎神而非猥亵，这点部分可能因为他们出身中产阶级，部分也可能因为成员有男有女。

实验中发现两种咒骂，分别被称为“社交”及“恼怒”。在低压力或无压力的条件下，当受试者放松而愉快时，其咒骂是社交性的，呈现“我们是一伙的”团结导向行为。勘探期间大部分的咒骂都是社交咒骂，而由于这种咒骂有传染性，会相互加强，所以必须有意气相投的其他咒骂者作为听众，才能蓬勃发展。

勘探中途，半数成员（包括那三名非咒骂者）另到一处进行研究。留在原地的成员的咒骂率立刻倍增，且一直保持得很高。咒骂活动的增加加强了团结感，显然弥补了团队成员半数不在的缺憾。也许他们直觉知道，自己必须咒骂得更卖力，才能弥补人数的不足。此外，也许他们先前在非咒骂者的面前比较自制。

除了非咒骂者在场之外，还有许多因素会遏阻社交咒骂。有陌生人在场，缺乏适合的听众，或团体中有男有女，这些因素个别或联合起来都能限制社交咒骂。该勘探队的男性成员比女性早到一星期，在那个星期里，他们经常友善咒骂。然而女性抵达后，

[1] 这项实验在 Montagu，2001：87－89 中有若干讨论。

咒骂率便降低，不只是因为男性成员觉得在女性面前说话应该检点，也因为已形成情谊的团体中又多了新的未知数。在这项研究中，性别因素不如是否为咒骂者这一点有影响力。

“恼怒”咒骂则是完全不同的一个类别，发生在低压力至中等压力的情况，无论有无听众都照样发挥功能。当压力和恼怒咒骂增加，社交咒骂便减少。当压力继续升高，社交咒骂完全停止，恼怒咒骂则持续增加到某一个程度，然后开始下降。在高度压力的情况下，咒骂完全停止，众人根本很少开口说话。由此可推论：在中等压力的情境，恼怒咒骂其实显示了“情况令人不快，但尚可忍受”[1]。

当然，不见得一定要搭上又冷又漏水的船（好吧，漏水这部分是我自己掰的），大老远跑到挪威境内的北极圈，才能发现咒骂是一种应付并抒解压力的策略。底线在于：如果你担心不知哪个被裁员的员工会拿着半自动步枪回来扫射办公室，那么该小心的对象是那些安安静静不咒骂的人。在某个程度上，我想我们都知道这一点。

接下来数十年间，关于性别与语言的研究都针对特定、特殊的范围。提摩西·杰探查性别差异，把性别限定的侮辱整理成一份小辞典。他将咒骂词分成侮辱男性及侮辱女性，然后从语意学角度分析其使用模式。简言之，两性咒骂的方式各有不同，但共

[1] Montagu，2001：88.

同点是，其侮辱所针对的都是偏离文化预期或常规的行为或特征。

男人对女人的侮辱字词分成五种范畴。**屄**、**淫妇**和**娼妓**骂的是对方不检点、性关系紊乱。**逗人上火的**（tease）、**逗鸡巴的**、**逗屌的**和**逗老二的**则是骂对方不肯实现亲密性关系的承诺。**烟屁股**[1]、**狗**和**巫婆**用来骂被男人视为缺乏性吸引力或社交能力的女人。**贱人**是唯一一个用在女人身上但不针对其性态度的词，专门用来形容被认为不合社会规范、狠心或过于苛求过度高压的女人。此词被女人用来骂女人时，针对的是个性或社交问题，而非性身份认同。

侮辱男人的字词也可以逻辑地细分。**干你娘**一直是美国男人对男人最严重的冒犯。杰说："这个词冒犯的范围包括性、社会和家庭。一个侮辱词能做到这样，说者夫复何求？"[1]在杰的研究中，除了被人说他**干自己的母亲**之外，男人最忌讳自己的异性恋气魄受到质疑。诸如**舔老二的**、**酷儿**、**玻璃圈的**、**相公**、**软脚虾**和**娘娘腔**等词，都达到这个目的，且跟**干你娘**一样，大多是男人对男人的侮辱。

第三个范畴包括**王八蛋**、**鸡巴**、**屁眼**、**狗娘养的**和**老二**，针对的是缺乏社交能力、不在乎别人、自我中心、刻薄无情。这些词可以男人用来骂男人，也可以女人用来骂男人。第四类包括**怪**

---

1 原文为 scag，此字在所有能查到的出处皆列为"海洛因"的俚语说法，而其早期字义则为"烟蒂"，但并无任何资料显示有负面指称女性之意。疑为 scrag 之误，此字指缺乏吸引力的丑女，或可译为"恐龙"。

[1] Jay，1992：178.

脚和**浑蛋**等词，强调缺乏社交能力或社交吸引力。最后一类——**大男人**、**种马**、**色狼**和**花花公子**——是女人用来描述玩弄女人的男人，他们可能生理上和社交上都具吸引力，但自私、不老实、性欲过旺、缺乏同情心、亲密度以及那个大 C——承诺（commitment）。

杰的结论相当一概而论，表示“男人和女人对爱以及……爱情关系的定义不同。男性看重的是肉体吸引力和亲密性关系，女性则寻找承诺、关怀或个人友谊”。[1]

以常识角度思之，男人应该比女人更常咒骂，因为咒骂关乎权力，而一般说来男人握有较多权力。社会预期女人自制，男人失控发脾气则比较不会遭到非难。如果你不相信性别、权力和咒骂有难分难解的关系，就想一下这三者同时出现的脉络。性骚扰主要是权力的副产品，通常由“有权力”的男人骚扰“从属”的女人[2]。是的，有些有权力的女人会骚扰男人（或其他女人），但位高权重的女人比男人少得多，因此施行骚扰的女人也比男人少[3]。

暴力犯罪统计数字的男女比例，清楚显示出男性的暴力倾向。但随着社会变迁，女性进入以往专属男性或男性独大的行业，规

[1] Jay，1992：179.

[2] Jay，1999：165.

[3] 讲得大胆露骨一点，有些人或许会说我们生活在一个“阳具中心的老二主（译按：原文 cockocracy，为仿 democracy［民主］一字所造之字，指唯男性生殖器是尚的体制。）体制里”（Taylor，引用于 Hughes，1998：206）。

则也随之改变。女人被容许更常咒骂[1]——以至于评论家罗莎琳·考华（Rosalind Coward）宣称“现在女人讲话是认真的脏了”[2]。随着女人对职场法规有了发言权，女人逐渐较不自制，而男人则被要求更自制。

当然，某些男性专属的脉络仍是禁区，自有其规则。在酒馆和更衣室，开黄腔是社会关系的润滑剂，说者口无遮拦，尤其是酒精助兴的情况下。这些地点也是一种象征，象征逃离批评、谴责或控制这类脏话的人——主要是母亲、女友、妻子和小学老师——的限制。但这些仅限男人的庇护所的门如今关上了，现在女人也可以成群结队自在出游，创造出她们自己的语言安全庇护所。

在若干运动的比赛场上，语言限制也被撤除——篮球的“痛宰之谈”（trash talk）、板球的“海扁”（sledging）[3]。此处刻意为之的意图在于冒犯并吓唬敌手，使比赛变成转移暴力情绪的仪式脉络。总比打仗好。

若说男人较具暴力倾向，那么想来可能也有较多愤怒却无能为力的经验，然后把怒气转而发泄在他们认为比较弱——也就是比较无法报复——的对象身上。此所以男性咒骂倾向于针对女人

[1] 对年轻人言谈的相关研究，一个好例子是 Vincent（1982），引用于 Eckert & McConnell-Ginet，2003：181 - 182。

[2] 评论家罗莎琳·考华写于 1989 年的 *New Statesman and Society*，引用于 Hughes，1998：211。

[3] Eckert & McConnell-Ginet，2003：183.

和其他种族[1]。若说这点暗示某些男人暴力、咒骂、狂怒的失控行为其实出于懦弱，那么也许我该庆幸他们当中大概没几个人会读到这本书。

这类观点并非基于实际经验，所以是门外汉语言学。许多研究各自产生大大不同的结论，无疑是受到采样限制、研究脉络以及——恕我斗胆——研究者本身信念及看法的影响。基曼的结论是：澳洲的咒骂率两性皆同，男人与女人对同样字词的意义认知相同，且社会发展使两性较为平等，也使两性同样都能咒骂[2]。

澳洲片《蒂许与楚德》中有大量证据，显示性别无碍咒骂，或至少在两名女主角蒂许与楚德所属的年龄层（二十几岁）与阶级（低）绝对是如此[3]。该片属于“某某人生命中的某一天”类型，主角是两个失业潦倒的年轻女子，住处破旧失修，过着“郊区经验底层”的生活[4]，周遭充满污秽与漠然，使用的语言也与此相应。在一段或可勉强称为“朋友交谈”的对话中，脏话成了闷哼、狺吼和绝望之间的标点。事实上，她们的咒骂是如此广泛频繁，可以说没有任何事物能够阻挡。

我算过，电影前 20 分钟约出现 76 次咒骂，几乎全是女性对

[1] Richard Walsh 致笔者的私人通信，2003 年 6 月。

[2] Kidman，1993，Section 5.1.

[3] 2003 年上映，导演 Melanie Rodriga，编剧 Vanessa Lomma，改编自 Wilson McCaskill 的舞台剧本。

[4] Sandra Hall 对《蒂许与楚德》所作的影评，刊于《悉尼晨报》，2003 年 9 月 18 日。

女性，且大部分都有小孩（蒂许的儿子肯尼）在场。小孩是其中14次咒骂的直接对象，内容则以“闭嘴”和**[illegible]**较多，**干**较少。至于女性对女性的咒骂，字词的选择模式如下：

20次**干**（包括变体如干他妈的和干你的）

9次**屎**（包括大便）

5次**屁股**（包括变体如猪屁股）

加上尿、天杀的、耶稣、贱人、神经病、婆娘和王八蛋各数次

为数不多的咒骂关键词发挥各式言辞功能，主要表达气恼与愤怒。有几次社交咒骂。用在小孩身上时，咒骂则是一种（不成功的）控制方式。一名评论者说该片脚本“充满四字词，索然无味。仿佛贫穷使她们没有能力组出正常的句子”[1]。

在这段《蒂许与楚德》的采样中，**屄**的缺席显而易见，显示使用率的不平等。看来此字主要仍是男人用来称呼或形容女人。轶事证据显示女人确实会用此字来称呼或形容女人，但鲜少用在男人身上。换言之，某种程度的“丑恶事物的女性化”仍在继续，不管其他方面已有哪些进步——如托儿机构增加、企业高层的女性变多等等。

[1] Sandra Hall为《悉尼晨报》所写的该片影证。

但在美国进行研究的杰的结论则是：男人比女人更常咒骂，使用的咒骂词不同也更具冒犯性[1]；男人开始咒骂的年龄较早，习惯一直持续到老年。就社会层面而言，男人较能自由展现具有敌意及侵略性的言语习惯。此外，性语义学（sexual semantics）的性别差异影响性言性语（sexual talk）的每一面向，从相互逗弄取笑，到讲笑话，到言语拼斗、言语骚扰和侵犯皆然。他写道："一如对待爱情，男人和女人（咒骂）的方式不同……看这世界的眼光不同……侮辱和骂人的语言支持一项观点，即我们对什么事物能挑动人心、人脑的看法各有不同。"[2]

在一份有趣的比较研究中，杰以十年为期，研究公共场合的咒骂，结论是咒骂模式——与地理、性别、在场者是否包括男女两性有关——出人意料地稳定，唯一的变化是 1996 年的女人比 1986 年更常在公共场合咒骂[3]。

他的研究内容包括男厕与女厕的涂鸦文字，发现男厕的涂鸦比女厕更具性意味、较不为社会接受、更种族歧视、较不浪漫。这并不令人意外。他最后的总结是："人类有男女两性，但性别认同复杂得多，并非只在于生殖器官的不同。"[4]

澳洲的艾美·库柏（Amy Cooper）观察在女性可听见范围内的男对男咒骂，指出，坐在公共场所长凳上的年轻男子若看见女

---

[1] 杰的此一结论是基于他在美国做的研究（1992，1999）。

[2] Jay，1992：181.

[3] Jay，1999：166－167.

[4] Jay，1999：166.

孩经过，“这些男孩会尽可能伸长四肢，大声互相侮辱”[1]；英国的珍妮佛·寇兹（Jennifer Coates）则宣称，处于同性团体的男人，其咒骂次数是女人的三倍，但若在场者两性皆有，男女咒骂的频率都会大幅降低。

南非的研究结果比较接近澳洲[2]。薇薇安·克拉克（Vivian de Klerk）的研究显示，没有什么证据支持“女人与男人谈话方式不同”这种广为流传的看法，非标准言谈的范围尤其如此。她认为，女人不会咒骂的这种刻板印象随年龄而破除。更重要的是，存在于词汇的传统偏见（英文侮辱女人的字词比侮辱男人的多）并不一定同样反映在个别说话者脑中的词汇：她采样的女性咒骂者所知道骂男性的词就比骂女性的多。此外，关于历史性的语意不平衡，克拉克指出很多辱骂女性的词语事实上都已过时。这点言之有理——你上一次听到女性被骂“荡妇”是什么时候的事？

尽管性别与咒骂之间的关系仍无定论，也缺乏决定性的实际经验资料，但有些作者对此一主题并不存疑。如杜林便指出他认为很重要的一项性别差异：在工作场所被人用脏话骚扰的男人会与咒骂者针锋相对，“直截了当叫对方去干他自己”，而同样处境的女人则比较可能提出正式申诉[3]。

然而，尽管杜林这些刻意夸大、成竹在胸、黑白分明的论点

[1] Amy Cooper，*Sunday Life*，2004 年 4 月 4 日，页 10。
[2] De Klerk，1992.
[3] Dooling，1996：5.

很吸引人，分析到最后，我还是比较赞同把咒骂、性别与人生的混乱复杂之处列入考虑的诠释。其中一例是一份研究报告，以“语言学家群组”（The Linguist List，语言学家在此网络群组中提出并探讨专业相关主题）的互动为本。其中一个主题是“粗鲁否定语”（rude negator）[1]——“见鬼”/“才怪”/“她有个屁”——也就是用来表示强烈不同意某观点的词语。

苏珊·贺林（Susan Herring）指出，在该主题的讨论中，发表意见的男性远多于女性。她对发表意见者做问卷调查，发现女性并不比男性讨厌此一话题，这使她对发表意见者的性别模式更感好奇，并提出两个假设。第一个假设是“快速反应”，认为基于种种原因，男人会更快对/以电子邮件做出回应。这跟使用科技的渠道有关，也跟男人更愿意以公共语态（public mode）分享“第一印象”有关。地位高低的分别也有关系：男人的回复率接近地位高的一群，女人则是地位低的一群。

贺林的第二个假设是“性别论述差异”，认为参与网络讨论群组偏向男性论述风格，面对面与朋友、家人和其他非语言学家讨论这些话题则比较偏向女性论述风格。此外，“粗鲁否定语”所用的身体部位偏向男性[1]（这类用词完全没有女性等同语，例如“他有个卵巢”/“他有个奶”），也使女性对该讨论串“青少年男性情谊”调调的回应有些疏离。显然，性别与咒骂之间的关系复杂

[1]（LINGUIST@TAMVI. BITNET. 2003 年 6 月，第 5 周）。

1 此处指英文的情况。前文“见鬼”一词原文为 bollocks，是意指睾丸的俚语。

得多，不是数数有几个“屄”和“干”就行。

男人是否比女人更常咒骂？使用的咒骂词是否不同？两性是否仍受到不同的社会限制？门外汉语言学阵营的看法十分简单，令人满足……但不是非常可信。研究阵营的看法显示情况依环境各有不同，复杂得让我们渴望回归直觉。

要了解性别议题脉络下的咒骂，并非计算比较女性和男性使用的字词数目，或将女对男的词语和男对女的词语加以对照这么简单。我们必须了解性别并非完全与生俱来，更是后天的养成，也并非固定的一套，而是经由不同时刻、不同互动的累积建构，长时间在个人和集体层面发展而成。

但语言的选择也形塑我们对外界呈现的性别认同。一个偶尔咒骂的少女，是在同时有意识和潜意识地决定自己的语用风格，咒骂只是她将呈现在社会上的人格的许多面向之一：

> 每一次选择咒骂或不咒骂，之后的选择都会被先前的经验影响——当时别人反应如何？事后自己有何感觉？……这种事不是在真空状态中决定，而总是涉及我们的语用社群，是社群中的集体决定[1]。

初试啼声的十几岁女性咒骂者，在话中偶尔穿插咒骂词的同

[1] Eckert & McConnell-Ginet，2003：307.

时，可能达成了好几个目标——自主于给她的世界订规矩的成人之外，或刻意将自己跟她视为书呆子或乖乖牌的人加以区分。她这么做或许是模仿某个她崇拜的大人，也许是媒体名人或流行歌星。她或许认为咒骂很酷、独立、强硬、特别。她或许是在推扩界限。

每一次修改自我，她都刻意根据自己所处的社会环境加以调校；而她的举动也会反过来形塑这个她和其他人将继续据之衡量自己行为的整体环境。于是，以女性主义观点言之，一个少女的一小步可能变成全体姊妹的一大步。

从前女人曾被排除在男性环境之外，号称是为了保护她们那据说纤细的神经不受咒骂污染。最能代表这种行为的说法，莫过于那句传统又父权的："我们很愿意雇用你，但这里脏话太多了。"[1]然而，过去几百年来，愈来愈多的女性进入一度曾专属男性的领域，这种态度也不得不随之改变。

例如二次大战期间，同盟国的战争工业雇用了大量女性。费城一间飞机工厂就挂着一个牌子，写道："请勿咒骂。可能有绅士在场。"[2]

---

[1] Thorne & Henley，引用于 Jay，1999：165。

[2] Montagu，2001：87。Montagu 所列的出处为费城的 *Evening Bulletin*，1942 年 9 月 16 日。

天生我材必有脏

干他妈的谁会发现？

——理查·尼克松

咒骂具有文化特定性，这点应该不令人意外。婴孩一出世就具备学习语言的能力，这是他们接下来约七十五年人生中最重要的一项学习与成就。他们所做的任何其他事，从咖啡店假日打工受训到攻读火箭科学博士，重要性都比不上学习母语。是语言使几乎其他一切学习成为可能。是语言使人之为人。

不管父母是曼哈顿银行家还是因努伊特[1]渔夫，婴孩学习语言的能力举世皆同。事实上，后者小孩的学习条件可能更佳，因为

1 Inuit，爱斯基摩语言的一种分支。

空气可能比较新鲜——也就是说含氧量较高。然而，婴孩学习的内容则取决于在该环境运作的是哪些字词，包括一般的“好”词也包括“坏”词。纽约银行家的小孩听到的是shit（也许在交易不顺的一天），法国小孩听到的是merde，日本小孩听到的是くそばば。我手边没有因努伊特辞典，但你一定明白我的意思。

他们听到什么，便学习什么。除了字词，他们也会学到使用这些字词以达成各种目的的文法。一开始，这些目的都相当直截了当、可以预测——食物，睡眠，干净尿布，看电视上的儿童节目——但进展得很快；要不了多久，小孩就能说出一套颇为完备的论点，陈述为什么该让他过了上床时间还不睡觉。

随着文法而来的是对文化的了解，其中很大一部分是语用知识，也就是什么时候、跟什么人、用什么方式说什么话的规则。在一个正常普通的孩童身上，此番大量学习的副产品之一，就是咒骂。孩子浸淫在行动脉络中，很快就学到语用知识。例如：妈妈在家跟爸爸讲话时会说merde，如果她认为会被小孩听见的话便说得比较小声，但她从不跟客户、晚宴宾客或姻亲这么说，尤其是奶奶在场的时候。

在学习语言种种的过程中，孩童学到了被禁的事物。等到需要咒骂时——这种时刻一定会出现——孩童便从这口禁止之井汲取用词。一开始，孩童可能会小心地用无声嘴形说出他们直觉知道“危险”的字词，但不久便会发现咒骂之后人生照常继续——有时候还进行得更顺。这道理很简单：行动继之以反应，而反应又加强行动。就这样，孩童开始建立咒骂的能力。对孩童而言，脏话与一般字词无异，直到大人给那些字词贴上“脏”的标签，赋以神奇的力量。

本书进行至此，我希望我对咒骂抱持的态度已经很清楚，就是视之为人类言语行为中一个非常有趣但寻常的面向，跟请别人把盐罐递过来，或者打电话到国税局询问资讯一样正常且人性。唔，也许不像盐罐和电话那么寻常，因为其中包含禁忌，也因为关于咒骂存在着许多门外汉观念和偏见。但我的出发点是把它看作一般、普遍且人性的行为，而非令人震惊惊恐、腐化堕落的行为。

将咒骂建构为“正常”的论点很多，其中之一认为，如此一来我们可将之与“不正常”做比较，从而获得一项很有用的语言学工具——以病态为师。此处我用“病态”（pathological）一词专指一种神经失调疾病，名为妥瑞症（Tourette Syndrome，简称TS）。这是“一种罕见、费解的精神失调疾病，患者典型会有无法控制的肌肉抽搐、脸部痉挛、发出怪声、重复动作，强迫性的碰触和无法控制的诅咒，后者又称秽语癖”[1]。

此处与我们讨论相关的只有诅咒部分。TS 的这种咒骂行为是如此特定，甚至有其专属的名称——秽语癖（coprolalia），由希腊文的 kopros（“粪”）和 lalia（“闲聊”或“瞎扯”）组成。在

[1] Jay，1999：3.

1994 年的纪录片《扭动且呐喊》（*Twist and Shout*）[1]里，一群 TS 患者谈论自己的患病体验，其中有些场景拍出 TS 秽语癖的实例。一名年轻女子喊道："干我的屁眼！"另一人说："肮脏卑鄙干你娘的王八蛋。"还有一人排队站在穿紫色慢跑装的黑人男性身后时无法控制地冒出一句"紫色黑鬼"——陪同照顾她的人因而大感惊慌狼狈，尽力收拾这类话语造成的后果。

片中这些例子大多取自一场关于 TS 的会议，此一脉络或可视为受到保护的公共空间。TS 的不幸之一，便是公共场所似乎会引发秽语癖，然而公共场所又是最不能提供体谅或容忍的地方。不需太多想象力也能明白，TS 患者很容易——尽管非蓄意——惹上麻烦。

尽管 TS 本身仍有不少难解之谜，但我们从此病中可以学到很多。显然，不管是不是 TS 患者，诅咒都由相同的神经语言机制产生。差别在于，尽管患者和非患者都在特定的社会文化脉络里学会所谓的"坏词"，但非患者有抑制机制，能在思绪变成诅咒之前加以压抑。TS 患者的此一机制出了问题，无法运作，禁忌的思绪无法压抑，便冲口而出成为咒骂。提摩西・杰写道：

> TS 秽语癖耐人寻味之处，在于显示出正常咒骂的运作方

[1] Laurel Chiten 1994 年的获奖作品《扭动且呐喊》由 New Day 影片公司发行。（译按：Twist and Shout 亦是披头士一首名曲的歌名。）

式。孩童学会冒犯的字词，然后花一辈子在大庭广众下抑制这些字词。对于正常孩童在“有礼”情境中可以抑制的诅咒词，妥瑞症患者（缺乏能力）抑制……罹患 TS 的孩童，在（他们的）秽语癖发作时，揭露了被禁的心理及文化焦虑。

在《我们为何诅咒》一书中，杰以 TS 作为理论出发点，将咒骂建构为神经的、个人心理的（人生经验的），以及社会文化的（在任一特定文化中被禁的事物有哪些）因素核心，这些因素区分了自损型的咒骂（“干我的屁眼!”）和辱人型的咒骂（“肮脏卑鄙干他妈的王八蛋”）。杰透过这套他所谓的 NPS[1] 理论，检视一般非 TS 患者的咒骂。

杰的 NPS 理论中，与我们此处讨论最相关的是“S”（社会文化的）。跨文化的咒骂证据显示出一套几乎放诸四海皆准的人性通则，其特定细节则受每个团体特有的禁忌所形塑、限制。这并不表示禁忌总会为人遵守，而是说禁忌为一个民族大量提供了有其脉络威力的被禁概念，这些概念在咒骂时非常好用。毕竟，如果什么事物都可以容许，要咒骂就很困难了。干的禁忌性质在性革命的 20 世纪六七十年代逐渐消退，并非巧合。也许其中暗藏的原则是：如果某事做之无妨，那么说之便也无妨。

在其他方面，咒骂也受到文化和语言的形塑。比方咒骂自有

1 即上述神经的（Neurological）、心理的（Psychological）、社会文化的（Sociocultural）三者的缩写简称。

其文法，而这文法则取决于说者用以咒骂的该语言本身。例如以下这个英文句子：“Who *the hell* has been here?”（**到底**谁来过这里?）很可能衍生自“Who *in the hell* has been here?”，就像“What the *fuck* are you doing?”（你**他妈的**在搞什么?）可能来自“What *in the fuck* are you doing?”在此，一般英文文法规则与咒骂特有的文法限制结合（比方在“hell”和“fuck”之前加“the”），造出合乎文法的句子。

在此，我们必须区分文法正确性和社会正确性。文法正确的句子完全有可能是社会不正确的。但一般而言，不合文法的咒骂可说是禁忌症（contra-indicated），即使不考虑社会正确性亦然。很少有比显然出自非母语说者之口的辱骂更难听的话了。也许底线应该是：要是不确定该怎么讲，就用你自己的语言咒骂。音调和语气会传达你的意思，而且这样一来你说的话至少合乎文法——就算不合文法，四周的人恐怕也听不出来。

因此，语言的文法规则和根植社会的社会文化特性共同决定了咒骂行动的形式、模样和感觉——不管用哪一种语言[1]。瑞典人说：“**地狱里**的谁来过这里?”波兰人说：“**霍乱的**谁这里曾来?”匈牙利人则说：“**生病的**谁曾来这里?”共通的元素是在句子里插进一个咒骂片语。不同句子各自的独特风味则是文法（**里**、**的**）和字汇（**地狱**、**霍乱**、**生病**）的组合。

---

[1] Andersson & Trudgill，1999：61－62.

所以，拜托，我们可以丢开“咒骂是懒人随口乱讲的话”这种门外汉概念了吧？要生产一个社会不正确、文法正确的语句，跟生产一个社会正确、文法正确的语句一样需要健全的词汇文法知识（要是篇幅够，我还可以提出另一个论点，指出就算咒骂语句不合文法、社会不正确，说者也是有付出心力的。错误鲜少是懒惰的结果——不过只要这样相信，说者之外的每个人就都可以摆脱责任）。

www. insultmonger. com 这类网站及其“咒骂大全”包含无数语言的咒骂词（其中一些语言你可能听都没听说过），但只列出清单而没有跨语言的比较，这一点是有意义的。有意义，但并不令人意外。要做出一份准确、可靠的跨语言咒骂比较，是极度困难的事。首先，很少人通晓自己语言/文化中的所有咒骂，因为任一语言/文化中的成规习俗就跟文化本身一样多彩多姿，以不同方式分布在社会的许多层级，在不同程度上受到众多大变数的影响，如年龄、性别、阶级、种族、教育程度、社会价值观等。

此外另有一个重要变数，由于没有更好的词，我便称之为“涉入程度”（embeddedness），借用 2003 年伊拉克战争中所谓的“随军记者”（embedded journalist）。涉入程度表示一个人被视为社会主流或边缘的程度。

列出一份边缘元素的清单，本身就很具挑战性，且取决于你自己的涉入程度[1]！安德森（L. G. Andersson）与楚吉尔列出的

[1] Andersson & Trudgill，1999：65 – 66.

"边缘人"包括罪犯(离中心最远)、酗酒者、失业者和年轻人。我推想,年轻人被列在边缘名单上,是因为他们还没找到自己在世上的定位。一旦他们进了法学院,无疑就移到"主流"地位。(想想看:有多少年轻人读法律是为了政变世界、颠覆体制,甚或建立一套比较公平的司法系统?)

由于跨文化比较咒骂如此困难,因此提供有效且可靠的形式来描述差异,便很有价值。在此我想讨论三种形式——文化的、文法的,以及结构的——相信它们能提供诠释的框架,或许有助我们进行比较分析。最起码,这些形式让我们讨论不同语言的咒骂时有个出发点。

第一个框架是文化。尽管若干关注主题几乎是放诸四海皆准,但我们也必须指出,这类广泛主题的确有各地不同的特定呈现方式。可以想见,说拉脱维亚语的人咒骂起来会跟说粤语的人不一样。语言的表层特征通常最为多彩多姿,主要因其伴有情绪成分,也因此不同语言乍看之下咒骂模式差异极大。然而我的做法则倾向于寻找共通点。这样说吧:不管你是告诉辱骂对象叫他妈去跟驴子或山羊办事,在文化对比上,选择的动物为何其实并不重要,重要的是其中范围更大的共通点(或者可说**主导母题**[leitmotif]):性、侮辱母亲,以及兽交。

不过,也有若干团体和文化发展出独树一格的咒骂风格,为人所知。一个很好的例子是所谓"仪式化咒骂"或"仪式侮辱",许多时空都有这种例子。历史上称之为骂战(flyting)——来自古英文表示“竞争”或“奋力”的字，带有强烈的责骂或争吵意义。骂战是古代日耳曼语系及早期盎格鲁-撒克逊社会的一个特征[1]，在英格兰持续到15世纪左右，在北方持续得更久，想来是因为该地所受的北欧影响更深。

骂战是一种对骂竞赛。参与者布饵，相互逗引，使用与性及排泄物有关的光怪陆离词语，力求技高一筹地侮辱对方，刺激，挑衅，将对手逼向肢体暴力的想象发泄。仿佛有一块言语空间被围起来，范围内可以进行某一种获得许可的咒骂，可以蓄意且正当地打破禁忌，以公开发泄情绪的方式提供语言和心理的安全阀。以地方观点视之，这几乎可算是一种表演艺术，需要自发、敏捷的高段语言功力。以更广泛的社会秩序观点视之，在控制的条件下发泄一点情绪，可以避免日后发生爆炸性的灾难；这正是政治社会控制手段的“面包与马戏团”那句格言中的“马戏团”部分。

昔日在苏格兰，骂战变成一种娱乐，专门提供给世故精明的观众而非自然集结的街头群众[2]；这点并不令人惊讶，因为苏格兰传统上对禁忌和咒骂抱持威权态度，咒骂会受到严厉处罚。再一次，我们看到了同样的模式：禁止之下隐藏着蓬勃发展。

今日，若干地方仍保有非常类似骂战的仪式化咒骂的传统，其中最值得注意的或许就是美国黑人社群，他们称这种咒骂为“扬声”（sounding）或“示意”（signifying）或“对骂游戏”（playing the

[1] Hughes，1998：119.

[2] Hughes，1998：119－120.

dozens)。这类骂战有各种不同变化[1]，是一种划分团体成员和非成员的社会方式，但同时也提供了饶舌乐（尤其是帮派饶舌乐）的歌词基础，这类音乐定义了帮派社区，包括来自其他族群但向往帮派价值的年轻人。

以下是两个例子：

我不玩对骂游戏，那一套我不来
但我干你妈妈真是干得爽歪歪

我真不想提到你母亲，她是个老好人
她有个十吨的屄，屁眼像橡皮

这种风格也称“盖”（capping）或“噼啪响”（cracking on）[2]，澳洲都市原住民的英语也有这种特色。尽管参与者知道这种场合百无禁忌，但若干界线仍然存在，如果想避免肢体暴力，就不要超越那些界线，否则就得准备面对仪式化的言语暴力演变成实际暴力。

当然，我们也可以主张，这种仪式化行为不算咒骂而是侮辱，

[1] William Labov（1972），*Language in the Inner City*，引用于 Andersson & Trudgill，1999：66。
[2] Burridge，2002：230.

因为其辱骂之意是在于禁忌字眼的字面而非象征层面[1]。类似说法也适用于另一个常见的场面：观众群中有人打断脱口秀谐星的独白，喊出挑衅的评语。谐星必须对起哄的人做出回应，否则就颜面扫地，而这种回应多半都是明目张胆地充满攻击性[2]。

伊莲·钱金（Elaine Chaikin）的《语言为社会之镜》（*Language: The Social Mirror*）一书指出，早在犹太人移民到新世界之前，东欧犹太人的封闭社群便有其仪式化的诅咒。一如都市黑人青年的言语仪式反映出他们生活的社会条件和态度，旧世界犹太人的这些诅咒亦然：

> 愿你娶一个超级大美女，住在军官俱乐部隔壁，每年有十个月不在家。
>
> 愿你后退时一脚踩到干草叉，想找东西扶却又摸到烫火炉。
>
> 愿你女儿的头发浓密又乌黑——全长在她们脸上[3]。

要比较不同语言及文化的咒骂，较容易的框架或许是文法形式。要这么做，我们必须先暂时不管意义的细致微妙差别，专注

[1] Andersson & Trudgill，1999：66.

[2] 关于谐星与起哄者互动的言语模式研究，有一篇名为“You're ugly, your dick is small and everybody fucks your mother; the stand-up comedians response to the heckler”（Conway，1994）。

[3] Chaikin，1982：112－113.

研究句子的组成建材，或说语句建构（讨论口语时，我偏好使用“语句”［utterance］一词，而大部分——尽管并非所有——咒骂都是口说的）。在此，我们同样要寻找模式，可用来比较、对比不同语言使用咒骂词的不同方式。

有一套理论，用等级框架来衡量咒骂在整个语句中造成的打岔（interruption）程度——这概念又称“侵入”（intrusion）或“穿透”（penetration）[1]。最低的打岔程度指的是，咒骂词可视为安然置于文法环境中，例如“绝—天杀的—对”（abso-bloody-lutely）；最高的打岔程度指的则是咒骂词单独运作，没有字词包围护衬（“上帝罚你该死!”）。这套等级有五个层次[2]：

1. 咒骂词加在字词的某些位置：是前缀（屎脑袋）还是中缀（绝—天杀的—对）。
2. 受骂词作为语句的次要成分而运作，通常是形容词（这间他妈的学校）或者副词（还有天杀的好远）。
3. 咒骂词作为语句的主要成分，通常是名词（那个愚蠢的王八蛋）或动词（他干砸所有事情）。
4. 咒骂词作为“附加句”（adsentence）——与语句松散相连——而运作，加在句前（干，我忘得一干二净）或句后（到底怎么回事，看在上帝的分上?），以文法

[1] 由 Andersson & Trudgill 提出报告，1999：62－63。
[2] 同前。

而言并非必要，语句没有它也能成立。

5. 咒骂词自行运作，也许加在其他语句之外，或者完全将之取代——“狗屎!”“耶稣基督!”，或者“干他妈的地狱!”。

用这五个层次，我们可以检视任何语言的咒骂词库，也可以比较不同的语言。天知道怎么会有人想钻研跨文化咒骂的文法细节，但语言学家就是会做这种事。这种人乐于花三年时间探讨某种冷僻非洲语言的曲折变化，或比较不同语言请别人把车开走的语气直接程度，或计算人学课堂上“啊”“呃”和“姆”的使用频率，研究咒骂文法当然也没什么好大惊小怪的。

以上这套等级据称支持两项可以量化的有趣含义：一是，如果一种语言在某个层次有咒骂的可能，那么在该层次之上的所有层次也都有咒骂的可能；二是，如果一种语言在某个层次有咒骂的可能，那么在该层次之上的所有层次都有更多咒骂的可能。

我承认我不曾把这套系统试用于许多不同语言，主要因为我不能用许多不同语言流利地咒骂。然而若只套用英文，以上的假设似乎能自然成立。比方中缀如“绝—天杀的—对”想来很少见，而独自运作的情绪字眼和骂人话如“狗屎!”或“他妈的滚开!”则非常普遍。

话说回来，这套等级或许就是依照英文而设，所以自然而然符合英文。无论如何，各位不妨把这套假设用在其他语言的咒骂上检验看看（若有什么有趣的发现，请寄到出版社给我）。

比较不同语言的咒骂的第三种形式，是以社会结构为着眼点，因此不令人意外地称为结构的形式。其出发点在于咒骂与社会限制密切相关，而这些限制反映了社会价值。这里应提出值得注意的两点[1]。其一：咒骂所反映的社会价值并非偶然或随机，而是深植于社会结构，是该社会的历史文化背景下许多因素长期交互作用的结果；其二（这一点我们稍后会深入探讨）：社会并非单一、同质的，而是呈现多层次的差异——只消看看澳洲公立学校的学生穿起制服的模样，就能明白制服其实不会掩盖个人性格，反而能使差异更加明显。

根据人类学家玛莉·道格拉斯（Mary Douglas）的说法，社会行为或“风格”与社会结构和价值有关[2]。她认为：“需要高度意识控制的社会结构，其风格必高度形式化。”除了形式化，还加上“严格实施纯度规则（purity rule），贬抑有机过程，对失去意识控制的经验抱持戒备态度”。简言之，高度社会结构等于严格限制咒骂。

进一步讨论道格拉斯的理论之前，需要引进一个我希望称之为“端整度”（kemptness）的特质。这名词是我从“仪容不整”（unkempt）一词引申而创的，后者有限的文法弹性严重妨碍了它的用途潜能。最最起码，“仪容不整”需要一个相对词——“仪容

[1] Andersson & Trudgill，1999：64.

[2] Mary Douglas（1966，1973），引用于 Andersson & Trudgill，1999：64。

端整”——因为，除非身在一个到处乱糟糟的宇宙（我们这些家有青少年的人可能正有此感），否则我们确实需要不同的词来形容把衬衫塞进裤子的人和任衬衫垂在外面的人。那么，有了“端整”这个形容词，接着也就需要一个名词来表示“端整状态”的特质。因此我提出“端整度”一词，其反义词则为“不整度”（unkemptness）。

每个人的住家、花园、办公室、衣服、头发、个人卫生等所保持的端整程度不同，其语言亦然：每个人语言的端整程度，使用不整字词的频率高低，是否容易情绪失控、脱口说出不整字词，都各有不同。道格拉斯的纯度规则（我视之为“端整量表”），跟贝佐·伯恩斯坦（Basil Bernstein）所发展的语言社会化理论有关[1]。

伯恩斯坦认为言谈是一组特定的代码（code），规范儿童的言词行动。他将这些代码分为两类（但他命名欠妥，给自己惹了一大堆麻烦）。所谓“受限”（restricted）代码牢牢交织于其脉络的社会结构，被该脉络下可采用的位置与角色形塑。“繁化”（elaborated）代码的不同之处在于，它主要让复杂的思绪过程能被处理、表达，容许说者脱离固定的角色模式，得到更多自主性和个人性（两种代码都各有利弊，但这点跟我们此处的讨论无关；来自受限代码环境的孩子突然进入繁化代码环境的学校，学业会

[1] Bernstein（1970），见 Gumperz & Hymes。

受到什么影响，也不是我们此处能涉及的）。

这是跨界繁衍的例子：人类学家道格拉斯借用了语言学家伯恩斯坦的理论。更重要的是，她将他的代码概念用在地位角色结构的家庭（受限的）和个人角色结构的家庭（繁化的），然后用这些代码当透镜，从人类学角度观察社会这个更大的单位：

> 地位角色的社会秩序井然、规律严明，每个人在结构中的地位决定其权利和职责。在个人角色的社会，重要的是个人的能力与企图心，这能决定他们未来的前途，因此也决定他们的权利与职责[1]。

由于维多利亚时代的社会强烈倾向地位角色结构，具有高度意识控制，因此，代表维多利亚价值观的主流团体理应对显示自我控制松弛的行为——如咒骂——抱持高度反感。这里指的当然是迪斯瑞里（Benjamin Disraeli）所称“两种国民”（The Two Nations）之“上层”的公共面貌，而非维多利亚社会的下层阶级，也非上层阶级不为人知的私密面。

许多关于维多利亚社会[2]（包括维多利亚时代情色作品[3]）的研究清楚显示，在那些冠冕堂皇之词和假正经的外表下，翻滚

[1] Douglas，引自 Andersson & Trudgill，1999：65。
[2] Pearsall（1969）是一个很好的例子。
[3] Hughes，1998：155.

着沸腾的激情。因此，“维多利亚时代的极端缄默与克制产生了各种变态”[1]，也就不令人意外。一个经典的倒错例子是当时法律的一项奇特规定：男同性恋行为是违法的，但女性则否：显然“没人想得出该如何向维多利亚女王解释女同性恋行为是怎么回事”[2]。

结构的框架确实提供了一个比较不同文化之咒骂的方式。但进行比较时最好不要用绝对二分法，而是以一整个连续体的相对性和微妙性视之。情况并不是“地位角色有利于极度控制，而个人角色有利于更多的个人自由”这样黑白分明的对立，而比较近似光谱的渐层细致变化，不同的社会倾向哪一端各有不同。道格拉斯的理论在两个层次上有预测力：其一，它预测不同种类的社会对于咒骂会呈现不同的公众态度；其二，它指出同一个社会的不同成员之间也会出现各种不同的态度。

现在让我们把端整的概念加入讨论，其中包括的不只是你对展现在外的表层面貌的控制，也包括对语言的控制。可以料想，位于社会主流核心的人很可能有整洁的花园，也会注意自己在公共场合说的话。身为“社会结构的栋梁”[3]，他们必须非常注意自己的外表和语言。相反，一个无家可归的社会边缘人很可能外貌和语言都乱糟糟。如果你对社会现有结构的投资是零——如长期

[1] Hughes，1998：155.

[2] Pearsall，1969：474.

[3] Mary Douglas 引用于 Andersson & Trudgill，1999：65。

失业或无家可归的人——那么撒手不管维修和控制，对你就没有什么损失的风险。

顺道一提，道格拉斯的纯粹原则似乎接近尔文·高夫曼的渗漏（leaking）与泛滥而出（flooding out）概念[1]，后者指的是个人努力不在公共场合失去架势（poise）与面子（face）。在高夫曼看来，咒骂所含的辱意在于当面对别人表示不尊重，因此人际架势或可定义为彼此给对方保留面子。

道格拉斯的理论可用于比较不同的社会，但也可用于分析同一社会里的不同团体，例如企业律师或长期失业者。这些可以视为不同层级的运用。但还有另一个可以运用这套理论的层级，与语言学所称的语域（register）此一面向交织相关。

语域是一套语言内部的变异系统。跟方言或性别方言（gender-lect）不同的是，它并非基于说者之间相对较为固定永久的差别，而是基于同一个说者的语言在不同时间的差别，这些差别来自时有所变的情境条件。社会结构的此一面向对咒骂也有影响。

我们通常预期非正式场合的咒骂比正式场合多，但原因并非懒惰（尽管有人这样认为），而是语域问题。在联络感情、加强团结的脉络下，比方下班后同事结伴去喝一杯，语言的主要用途不在于交换（资讯的授受），而在于人际（培养及维系人与人的关

[1] Goffman（1981）.

系)。在这种情况下，咒骂既表示也建立团体成员的身份。在先前讨论过的大学研究队的例子中，我们也看到，一旦女性离开，男性的咒骂量便增加。这不是因为他们懒惰，或者露出粗鲁的一面，而是显示了社交咒骂可以发挥社交润滑剂和建立团结的功效。

私酒与星号

这不是干他妈的真枪吧？

——约翰·列侬

莎士比亚让他笔下相当明智的茱丽叶说："啊，别对着月亮起誓，她没常性……"于是爱昏了头、荷尔蒙高涨的罗密欧睁大眼睛问："那叫我对什么起誓呢？"而茱丽叶的著名回答是：**"不要起什么誓。"**[1]

如此告诫罗密欧不要发誓/咒骂的茱丽叶，或许可视为放诸四海皆准的禁制之声。事实上，几乎所有人类社会都充满关于咒骂的禁忌。

---

1 《罗密欧与茱丽叶》第 2 幕第 2 景。此处引文出自方平所译之《新莎士比亚全集》12，页 69（木马：台北，2001）。

英文的“禁忌”（taboo）一字是 1777 年由库克船长引进[1]的，但禁忌本身的存在当然远早于此。事实上，这概念如此古老、这习性如此广泛，使人不禁纳闷在库克船长从汤加语借来“tabu”之前，用作此义的究竟是哪个字词。

跟此处讨论内容更为相关的是，关于咒骂的禁忌完全未能达成其目标——也就是限制或压抑或消灭咒骂。事实上，禁忌的结果是产生了大量丰富的咒骂词汇及回避策略，让人们可以照样咒骂又不需受罚。我们要谈的就是这个回避的概念。当然，避不受罚也得付出代价，那就是言词变得迂回，但这一点亦是变数，而咒骂所能发挥的功效之大，让人觉得多费点事、稍微迂回一下也是值得的。

禁止某物并不能将之灭绝，美国 20 世纪 20 年代的禁酒令已经精彩地显示了这一点。不管被禁的事物是什么，人们都愿意想尽办法去做到。吊诡的是，如果某项活动的威力强大又普及到招致禁令的地步，那么禁令是否可能雷厉风行到足以消灭这项活动，就非常值得存疑了。

咒骂和酒精的情况相同，不过前者通常较少涉及暴力和流血，相关的电影也远不如后者多。然而关于咒骂的禁忌引发了惊人的创意，产生大量的资料和研究机会，足以供一卡车的语言学家全职研究好几辈子。

---

[1] Hughes，1998：8.

变化多端是其首要特征。咒骂的禁忌差不多是放诸四海皆存，但禁忌的实际形式或形态则迥异。变化范畴之一是“谁”这项因素，说得确切点就是：开口咒骂的是谁。问题在于是否获得许可，而这一点则部分取决于角色，以及场景的正式程度。没人真的预期摇滚明星会憋住他们自然而然的语言，就算上台领奖时亦然；另一方面，几乎在所有文化中，僧侣教士阶级都必须随时随地遵守这项禁忌。

即使在自由主义的西方，也难以想象神职人员——我指的是任何宗教——宣道时穿插若干精选的情绪字眼。“干他妈的摩西，他天杀的爬上了那座该死的山。”……不，不大可能。然而，若干外在因素或许能使偶尔的差错情有可原，例如教士“身体不适”（也许发高烧引起谵妄胡言），或“举止失常”（也许是喝醉了），或“心烦意乱”（情绪过于激动）。这类变数允许人们打破角色的限制。

但“是谁在咒骂?”这个问题提供不了足够的资讯。我们需要思考互动关系——也就是说，不只考虑“说话的是谁?”，还要考虑“说话的对象是谁?”。大部分语言都是针对接收者（或听众）而产生，除了莎翁剧作的少数独白，或者踢到脚趾、蒙特古称之为“独自咒骂”的那种场合[1]。

咒骂的社交本质，意味着咒骂者有时会采取迂回的声响策略，

---

[1] Montagu，2001：1.

例如降低音量，或者事先警告——“原谅我说粗话”（这句话有时也匆匆用于亡羊补牢），或者发出暗示咒骂的第一个辅音之后来个灵巧回转（屎！变成“糖！”[2]）。稍后我们会再讨论这些非常有创意的做法，但目前暂且说这些方式都可以让咒骂者鱼与熊掌兼得，也就是打破禁忌但不必受罚。

当然，这并非表示教士阶级的成员完全不能咒骂，只是说禁止咒骂的规则最强烈影响其教士职责的行使，而就算教士也会脱去角色的服装，因之或许语域有所改变，禁忌有所放松。一位神职人员（再一次，我指的是任何宗教），在工作之余的非公众场合放松时偶尔说出个情绪字眼，也不是无法想象的事。重要的因素在于场景、说话对象，以及谁可能无意间听到。

我女儿从学步期开始就对咒骂相当拿手。但在偶尔学会几个禁忌字眼（大多经由家里的耳濡目染）的同时，她也学到了规则。有祖母、校长等人物——基本上就是任何看起来老老的人——在场的时候，讲话就需要检点。因此（我可以很自豪地说），她学到的不只是几个咒骂词，还有相关的使用规则，这情形颇类似拿到科技新产品，读过使用说明，然后加以正确使用。这才算得上是称职或像样的咒骂者。

不同文化的差别不只在于谁可以咒骂、对谁咒骂、在何种情况下咒骂这类基本限制，也包括选择用哪些经验来当作咒骂内容。

2　shit 与 sugar 二字的开头辅音相同。参见《屎有所闻》注 1。

经年累月，语言里的某些字词成为约定俗成的咒骂载体，为人接受[1]。有些澳洲原住民用死去多年的亲戚名字当作惊叹词句，表达惊讶或震惊，或许近似“圣摩西!”“我的圣人阿姨!”，或者“耶稣、玛利亚和约瑟!”[2]。

据说在圣经时代，拿国王的睾丸来宣誓忠诚也不是什么稀罕的事。我想，这里的“拿”应该是比喻性而非字面上的意思吧。古希腊和罗马人则偏好昔日君主、神祇或名人——这其实不难理解，因为他们拥有那么多男神、女神、神话人物和动物，而且其中一些用法，迦乎[1]在上，可延续了很长一段时间呢。

然而，作为咒骂词点缀语言的可不仅止于往昔的神祇和名人，有时候，植物或身体部位也可被征召来担当咒骂职责。古爱奥尼亚有个著名誓词翻译起来是“包心菜在上!”，苏格拉底（Socrates）“以狗起誓”，而毕达哥拉斯（Pythagoras）用数字 4 来起誓，也许有点古怪，但倒也并非不合逻辑。如果你对神祇、植物、动物和数字没兴趣，还可以自己编。诗人罗伯·苏席（Robert Southey）觉得用“Aballiboozobanganovribo”这个没意义的词起誓才过瘾，在我听来很像华特·迪士尼（Walter Disney）让他那些动物角色激动时所说的情绪字眼的前身。

约旦女性，尤其是年纪较大、没受过教育的女性，鲜少以阿

---

[1] Crystal（1987）.

[2] Montagu，2001：17.

1 Jove，罗马神话之主神，等于希腊的宙斯。此处“迦乎在上”（by Jove）一语为英文中仍时有所见的惊叹词。

拉起誓，而比较常以亲人的生命和福祉来起誓，使用繁复、抒情、押头韵的对仗誓词——“日落和心碎在上”“飞禽走兽的生命在上”“这片安静黑暗的生命和天使的呼唤在上”。男女两性都在许多言辞行动中大量使用誓词：宣布、邀请、建议和提议、承诺和保证、要求、分辩和借口、威胁和挑战、抱怨、赞美和怪罪。艾贾瓦的结论是，这种“对话性的咒骂”是日常对话的主要特色，如果有人交谈没用到起码一个誓词，反而才很罕见[1]。

许多西方文化并没有这么丰富的誓词，也不这么宽容人们加以使用。著名的伊丽莎白女王或许继承了都铎家族说起誓词口舌便给的能力，但我们且来想想她的后代，伊丽莎白二世，1992 年 12 月对英国和英联邦成员国发表圣诞演说时，所用的 annus horribilis 这个拉丁词。没错，不管以谁的标准来看，那年确实都很糟糕，家里许多见不得人的事被大肆报道：婚外情，饮食失调，自杀传闻，亲热的电话传情。贪得无厌的媒体对每一个麻辣细节都垂涎三尺。那年，王室的时间大部分花在控制损害上。在大众感觉起来，白金汉宫已经有点失控了。显然伊丽莎白无法再把惯常的演说内容稍作更动拿来用，文句中穿插王室成员幸福快乐的微笑照片——正式王室的公众面，放松的公众面，假装私密。

为了当时公信力已所剩无几的温莎家族，女王和负责写演说稿的文胆可是煞费思量。他们得承认那年过得很糟，但用的语言

[1] Abd-el-Jawad，2000：237.

必须适合扮演公众角色的王室人物。“天杀的有够烂的一年”不够好。于是拉丁文前来驰援。

Annus horribilis（可怕之年）是深思熟虑、创意十足的精彩发明，来自较常见的标准用语 annus mirabilis（奇迹之年）[1]。拉丁文的 annus（年）跟英文的 anus（肛门）类似，更增此词的效果，后者很邻近其他常被没那么高尚的人士用来咒骂的身体部位。Annus horribilis 是女王在无损尊严的前提下所能说出最接近咒骂的话。不知公关人员这番效力的账单数字是多少，但是，嘿，尊严太重要了，没有担心价码的余地（话说回来，女王说不定出人意料地擅于咒骂，因为她在海军家庭长大，又嫁了个出了名口没遮拦的丈夫）。

蒙特古对古代民族的咒骂做了一番大致清点——古埃及人、犹太人与早期基督徒，希腊人与罗马人[1]。每当找到长篇大论、着力强调的咒骂禁令，如旧约里，他便明智地——而且很合逻辑地——推想，这些禁令管制的对象必然“擅长又时常咒骂”。要不是子民咒骂成性，上帝也不会特别费事开口详加训谕。

当然，这里所说不被赞许的“咒骂”指的是起誓时说出上帝之名，或者恶意误用上帝之名。最经典的禁令是《出埃及记》二十章七节的第三诫：“不可妄称耶和华你上帝的名，因为妄称耶和

1　一般指作家、艺术家、科学家等创作/研究生涯中杰作迭出或屡有创见、成绩特别突出的一年。

［1］Montagu，2001：5－34.

华名的，耶和华必不以他为无罪。”

旧约并未直接触及脏话这个议题，然而书中频繁出现的委婉语显示对迂回用词的偏好[1]。罗伯·德赛表示，要了解委婉语的运作方式，我们就必须搞懂旧约里最基本的信息：“要是我们早早学会不说出真正想的意思，大家都能减少很多不愉快，减少杀戮、争吵、恨意和烦恼。”例如，书中避免提到“排便”“强奸”“排泄物”“尿”，甚至“痔疮”，不是用温和的同义词取代（用“盖住双腿”代替“排便”），就是改变一两个字母，比方表示痔疮的“afalim”一字变成“tehorim”，想来是为了软化此词听来刺耳的声音。我向来天真地以为旧约记录的事件都太重大，没有余裕讨论痔疮，但显然我想错了[2]。

蒙特古的结论是：

> 整个咒骂史清楚证明，立法禁止并惩罚咒骂，只会把它赶进更不见天日的臭阴沟，它在那里蓬勃发展、得其所哉，红如罂粟花瓣，黑如罂粟花心[3]。

各种不同文化似乎都曾使用不同的程序和手段来管理、惩处、

[1] Dessaix 于 Radio National 的 *Lingua Franca*，2004 年 7 月，“On the Euphemism”，http：//www. abc. net. au/rn/arts/ling/stories/s1154069. htm。

[2] 再次感谢 Rabbi Fred Morgan（2004 年 3 月的私人通信）协助查询参考 *The Encyclopedia Judaica*，vol. 6：959 - 962。

[3] Montagu，2001：25.

设限、控制、约束咒骂行为。这些程序和手段或可视为不同的禁止形式，尽管都有系统（虽然程度各异），但组织化和制度化的程度则各有不同。广泛说来，这些方式都是将禁忌行为变成限制对象。

以平面媒体处理**干**和**屄**这类字词的方式为例。其中一种做法或许是最容易的，就是全面禁止。另一种做法是在某些情况下允许出现——比方引述的句子。还有一种做法是暗示，例如“f 开头的字”或“c 开头的字”，但这种做法可能导致口语的特殊发展，如“effing”[1]这个形容词的出现。比如诺曼·梅勒写《裸者与死者》时，用“干”（fug）代替**干**（fuck），避开了当时的审查法令。据说在一场宴会上有人向梅·蕙丝（Mae West）介绍诺曼·梅勒，梅·蕙丝说：“哦，你就是那个不会拼‘干’的人！”

在本书写作的此时，《悉尼晨报》和澳洲广播公司都不禁止“适当”使用粗俗语言，只要不是用得“没有必要”。到头来，判定某样事物是否没有必要——或是否适当——的标准也只是存乎一心[1]。罗伯·德赛指出一项奇特的事实，即 ABC 电视台《账单》（*The Bill*）节目中的人物并不咒骂：他们差不多犯遍了其他九诫，但就是不咒骂[2]。电视台怕触怒观众，便决定把他们的嘴

1　就是将 f 此字母的读音拼写出来（eff），变成一个字，再加上 ing 变成形容词。

[1] 2004 年 3 月的私人通信，Michael Visontay 关于澳洲广播公司的编审政策，悉尼，2002。

[2] Dessaix 于 Radio National 的 *Lingua Franca*，2004 年 7 月，“Swearing”，http://www.abc.net.au/rn/arts/ling/stories/s1154069.htm。

都洗干净。

早期的一种消毒式审查法很简单，就是去掉文本里的所有咒骂词。第一个这么做的人是富有的苏格兰医师汤玛斯·包德勒（Thomas Bowdler），他在维多利亚时代初期决定写一本《家用莎士比亚》（*The Family Shakespeare*），该版本“不给原文画蛇添足，只省略不适合朗读给全家人听的字词”[1]。包德勒留给后人的不只是一套清洁过的莎士比亚，还有他的名字：这种净化过程称为“包德勒化”（bowdlerisation），以前我曾经误以为它代表的是另一种更接近字面的净化[1]。

包德勒移除**儿童不宜**的字词，想由此创造出一套老少咸宜的莎士比亚。长久以来有种看法就是，应该保护儿童不受成人咒骂的污染影响。马克·海登（Mark Haddon）的第一本小说《深夜小狗神秘习题》（*The Curious Incident of the Dog in the Night-Time*）便谈到儿童与成人对现实的不同认知[2]。该书同时出版成人及儿童版，封面不同但内容一致，只有荷兰文的儿童版将咒骂部分包德勒化。

关于保留咒骂部分的英文版，海登愉快地表示：

（我们）保留咒骂，做到比荷兰人更荷兰……咒骂部分

[1] Bowdler，引用于 Montagu，2001：235。

1 包德乐的姓氏写作 Bowdler，与英文的“肠子”（bowls）相近，此处作者的意思应是她曾误以为该词指的是浣肠之类。

[2] Mark Haddon，《悉尼晨报》之《明镜》访谈，2004 年 1 月 24 日，页 15。

> 很重要。童书有一种无形的保护圈，读的时候你知道，万一发生可怕的事，作者会照顾你。我想这本书没有那个保护圈，而咒骂就是显示此点的信号之一。

蓄意拼错**干**字这种做法有个非常当代的例子，就是 French Connection United Kingdom 这个服饰品牌，其名称的字母缩写恰好是惹人注目的“FCUK”，而该公司显然也很喜欢把这字样秀在他们出品的衣物上。当然，你不需要有阅读障碍，也能把“fcuk”看成**干**；你是先想到**干**，然后才意识到字母缩写的排列不同。该公司无疑乐于造成这种联想，欣赏这种淘气意味，这种看似避免脏字的不同排列，这种冲着你的脸说**干**的方式；他们看似回避**干**，事实上却加以凸显——就像法官指示陪审团将某事物“去除，不必加以考虑”，其实没有消减反而加强了印象。

另一种对咒骂设限的方式，是允许禁忌词出现，但去除其元音，于是**干**和**屄**变成“f-ck”和“c-nt”。除了用连字号代替元音，星号也可以。比方说，随着**干**的禁忌减弱，我们看到“f***”变成“f**k”，再变成“f*ck”。尽管对一个单音节的字做这种省略颇为荒谬，但显然某处某个有权有势的人订定了星号因素，认为星号的数量跟大众对此禁令之严重程度的认知成正比。

无论如何，限制的条件和形式会逐渐习惯成自然：我们在报上看到“c*nt”，完全知道是什么意思（甚至还可能动嘴轻声发出这个音，换取一点廉价的刺激），但大多连想都不会去想这其中加诸的限制。在水里游动的鱼看不见水。然而若换作咱们那位火星人类学家，无疑就会收获丰硕。

那么，星号是一种最低限度、且不太有系统的限制形式——尽管这符号蕴含的意义（我们称之为它的符号学）广为众人清楚了解。其他文化用其他方式来限制类似的行为。有时这类限制容许人们透过刻意组织的机会来咒骂，这意味着有人醒悟到咒骂在某种层面上很重要，或无可避免，或原始根本，而全面禁止是行不通的，事实上还可能适得其反。因此，社会便找个方式容许若干咒骂行为。

刻意组织安排咒骂这个概念，在我们看来可能跟刻意组织安排大笑一样古怪——后者是人们在特定时刻群聚特定一段时间，专门为了大笑，以求有益身心、增进健康。印度和日本都有这类团体的详细资料，阿德莱德（Adelaide）至少也有一个，有天清早我出门慢跑时无意间碰到——可让我吃了一惊。听说日本还特别提供特定情境，让职员对着上司的肖像或照片发泄怒气。我敢说这一定有助于减少请病假的人数。

关于不识字的社群所进行的刻意安排的咒骂，有备受敬重的人类学文献。蒙特古提到了唐纳·汤姆森（Donald Thomson）的研究，后者在约克角半岛研究澳洲原住民三年，写了许多文章讨论他们有系统的咒骂行为[1]。这些行为与部落成员的亲戚关系密

[1] 关于唐纳·汤姆森研究的详细描述，见 Montagu，2001：345。

切相关，跟他们所有其他语言和非语言的行为一样，必须放在亲戚关系之内来了解。

简短说来，不同的关系有不同程度的自由和禁制（这点跟我们的社会也颇类似——如我先前提过，我女儿日益增进的咒骂能力包括知道在谁面前可以做这种事）。在约克角，最严格的禁忌存在于说者与妻子的最近亲家人（父母、兄弟）之间，享有最多自由的则是祖孙关系，以及同性友伴之间的关系。这些社群跟我们的社群大不相同。或者真是如此吗？

在这些亲戚关系的整体限制下，约克角半岛各部族的咒骂行为可分为无组织和有组织的。无组织的咒骂包括愤怒时所说的，或为了引发肢体攻击所说的各种脏话。有组织的咒骂（汤姆森称之为“获得许可”的咒骂）则严格遵守亲戚规则——也就是说，严格规定谁可以包括在内、谁必须排除在外——且在公开场合进行。这行为不只是获准，更是义务。这种咒骂跟踢痛脚趾的反应或激发怒气的情境毫无关系，反而是好玩、取乐的。

蒙特古将这种亲戚网络准许的咒骂称为“玩笑关系”[1]。汤姆森的原住民资料提供者向他保证，这种咒骂的目的在于“让大家快乐”，而他的结论是，获得许可的咒骂会引致一种乐陶陶的状态[2]。所以我认为它跟大笑俱乐部颇为类似（不过，就我所知，后者没有亲戚规则）。

---

[1] Montagu，2001：12.

[2] Thomson（1935），引用于 Montagu，2001：9 - 15。

这种咒骂也让我——以局外人的身份——联想到下班后跟好友结伴去喝几杯啤酒的澳洲男人。两者的相似之处多得惊人：谁可以加入、谁不可以加入的规则，什么样的语言被视为合适，以及参与者正面友善的态度（这是说，除非/直到太多酒精影响众人的互动）。我们或可将这种聚会视为“获得许可的咒骂”在当代西方社会的一例。

蒙特古也研究过澳洲原住民的咒骂行为[1]，将他们的社会化咒骂（以及爱斯基摩人的类似行为）描述为“合法提供的逃避阀”[2]——也就是保持社会平衡的一种有效装置。据他评估，这种发泄方式高明精巧，西方社会也有相同需求，但表达方式却粗糙得多：单身汉派对、黄色笑话、猥亵打油诗、酒馆闲扯。

全面禁止咒骂只会把死忠的咒骂者逼得转进地下，但这些所谓的原始民族没有这么做，反而试着去了解咒骂，并根据他们的了解将其安排组织在社会之内。他们明白咒骂的用处，保留了在若干受到控制的情况下合法发泄情绪的好处，由此也避免了伴随压抑而来的心理疾病[3]。如此做法有助减少社群里的动乱，避免生产力下降，省下执法治安、药物酒精滥用戒断以及心理治疗的费用，节省的成本必然非常可观。

以历史观点视之，对咒骂的限制或可分为三个发展阶段。最

[1] 见 Montagu（1937），参考资料列于 Montagu，2001：345。

[2] Montagu，2001：13.

[3] W. La Barre（1939），引用于 Montagu，2001：345。

早的限制存在于地区、家庭和社群，在这些范围内，如前述的一些澳洲原住民的例子，若干行为的禁忌是依照现存的亲戚关系模式加以定义、禁止及合并。随着组织化的宗教日渐巩固，对咒骂——尤其是渎神——的限制就有了非常特定的宗教面向。第三个阶段则是今日存在于西方社会的当代俗世规定或法令，汇聚了各种意识而极具影响力，而那些意识可说是透过礼仪来规范社会关系。

如今，我们不会寻求家族长辈或部落长老的指点，也不会寻求教士阶级的权威。言谈的限制少数来自法院，大多数来自社会规范。然而，接下来我们会谈到，人们花在维护自由的精力跟花在限制咒骂的精力不相上下。对此，杜林说得颇为抒情："宪法第一修正案将民权延伸到言论，而言论则为人类互动的股市提供了交易货币。"[1]

自然，这三个阶段并非只是一个接一个的线性发展。尽管今日教会势力大不如前，但在微妙的层面上仍有微妙的影响力。尽管政教分离，但若宗教信仰未受尊重，信徒一定会公开抗议。这种抗议可能造成通常出于商业考量的自我审查。例如 1997 年，知名鞋厂锐步（Reebok）新推出一款名为"梦魔"的球鞋，引发公众抗议。锐步后来向压力低头，撤回该鞋款，公开道歉，躲起来舔伤口。不知道为什么没人查字典，告诉该公司的行销部门："梦

[1] Dooling，1996：27.

魔”是一种跟睡梦中的女子性交的恶魔[1]。

当然，以上所提的三个阶段，或部分或全部都曾对全世界不同的民族产生不同程度的影响。在某些政教合一的国家，教士阶级强力打压他们认为冒犯的语言，尤其是渎神，其打压程度近似进入俗世阶段之前的西方社会。随着全球化及科技发展，民族与民族间的接触增加，组织化宗教的影响力可以跨越边界，一个著名的例子就是作家拉什迪因其作品《魔鬼诗篇》被视为渎神，而遭宗教领袖下达格杀令。

在此我们不讨论法院对言论罪行施加的限制，如猥亵电话，或口出不当或冒犯之言拒捕。我比较感兴趣的是存在于社交礼仪，较不明显可见、较难定义、比较模糊但极为强大的遏止力量。法院施加的惩罚是罚金或牢狱，社交礼仪对违反社会规则之人的惩罚则是提摩西·杰所称的“社会惩罚”——鄙夷、冷落、恶狠狠的眼神、讥嘲，或公开谴责[1]。

反讽的是，社会惩罚本身常会因为行使自我审查而得以避免，如2003年悉尼的第七频道中止访谈《麦克瑞辞典》的苏·芭特勒，因为她不小心脱口说出**干他的蠢材**。该频道进行了超敏感的损害控制，生怕被视为不够尊重保护观众的敏感度。

透过自我审查行使社会标准的最佳人选或许是为人父母者，

1　原文 incubus，指在睡梦中与女子性交的妖魔。与男子性交的梦魔称为 succubus。

[1] Jay，1999：206.

这很合逻辑，因为他们对孩童的社会化影响最大。我有一对朋友是澳日联姻的夫妻，以双语、双文化的方式教养两个儿子。在他们家里，若不小心说出咒骂词，就得罚吃（或被威胁要罚吃）日本芥末，也就是山葵。事实上，在他们家，禁忌字眼如今被开玩笑地称为“山葵词”；家中每个人都知道这是什么意思，而口无遮拦的客人如我也很快就会发现。这是关系亲密的人所共有的一种密码，代表某些频繁发生的事件，让他们可以省略冗长的描述与解释。

要了解审查制度（不管是别人加诸还是自我加诸的），我们必须了解，约定俗成的礼仪（就像进门前要踩踩踏垫清干净鞋底，这些礼仪也让你清干净咒骂）都由“面子”这个关键概念贯穿。我们用到此词通常是在“保全面子”或“没面子”这类片语，而这两个词语都涉及“公众场合的自尊”这种珍贵商品。

事实上，我们甚至可以说“面子”这个概念贯穿了社会互动，规范了语言和非语言的行为，从最正式、最公开的场合，如在丧礼上致悼词，到最不正式、最私密的场合，如一夜缠绵后新近变得亲密的两人的翌晨闲聊。面子的概念来自社会学家尔文·高夫曼，高夫曼则引申自人类学家艾米尔·涂尔干（Emile Durkheim）的理论[1]。潘妮洛普·布朗（Penelope Brown）和史蒂芬·勒文森（Steven Levinson）借重以上两人的作品，建立起语言礼貌的

[1] Erving Goffman 及 Emile Durkheim 两人的作品，为 Penelope Brown 和 Steven Levinson（1978）发展出的语言礼貌通用理论奠定了基础。

通用理论。

布朗和勒文森将他们理论的中心原则称为“面子的相互脆弱性”，此一宗旨规范了所有的人类沟通。简单说来，在一般传统的人类互动中，说话者寻求保有面子（也就是他们的公众自我形象），并避免使别人没面子。有无数方式可以做到这一点，大部分是透过语言，从公开称赞邻居花园里种的玫瑰（让他们很高兴你看出他们投注其中的心血），到**不要**向邻居借车开一晚（这不恰当的请求无疑会造成对方不快，也会使你们的相处变得尴尬）。大致上，投注于面子工程的精力是用来预防、减低或弥补这类发生在有——且预期需要继续保持——若干程度接触的人之间的尴尬。

我们知道，礼仪规则触及社交生活所有面向，我架上一本古板旧书的书名就足以说明：《百万种循规蹈矩：有礼行为指南大全》（*Manners for Millions: A Compele Guide to Courteous Behavior*）[1]。咒骂的礼仪是一套言行规则，妥适包含在保持面子和避免危及别人面子的整体范式中。咒骂是一种加诸别人、使对方不适的象征性言语暴力，因此咒骂别人就侵犯了他们的面子，咒骂者自己也因触犯规则而丢了面子。

这种“相互脆弱性”是维持社会平衡的关键。踢痛脚趾时，只要知道旁边没人会听见，你尽可以铆起来咒骂；但若在公开的社交场合，你可能就必须放弃一个简短有力的情绪字眼所能获致

[1] Hadida，1959：124.

的暂时抒发，如果你的社会自我认为这种抒发有碍面子的话。从压抑到抒发之间有许多层次，咒骂者在不同情境下会直觉衡量代价与好处的比例。

面子工程和咒骂的礼仪或可视为一种游戏，参与者知道规则，大部分选择加以遵守。有时参与者可能会违抗规则，但通常是蓄意如此。玛丽莲·梦露（Marilyn Monroe）与亚瑟·米勒（Arthur Miller）度蜜月时，在英国拍摄《游龙戏凤》（*The Prince and the Showgirl*）一片，该片男主角劳伦斯·奥立弗（Laurence Olivier）毫不掩饰对她的不屑。一天奥立弗对梦露吼道："干，你他妈的难道就不能准时一次?"玛丽莲则甜甜地回答："哦，你们这儿也有这个字呀?"[1]她跨出规则范围之外——按照奥立弗的意图，这话应该让她尴尬又胆怯——去除了那个字的魔力，直接加以回应。高招啊，玛丽莲。

《笨贼一箩筐》（*A Fish Call Wanda*）片中也有类似的例子。在一段对话里，形象夸张的美国人奥图试图侮辱形象夸张的英国人亚齐，骂他："爱现，假正经，势利，英国人，大蠢蛋，人渣，干脸，屌头，屁眼!"亚齐则回答："真有趣。你是个正宗的粗话论者，对吧?"

以上两个例子都是蓄意违抗咒骂的游戏规则，跟无心的违规不同。我母亲的母语不是英文，有次她闹了个大笑话，因为人家

[1]《悉尼晨报》，2003年9月2日，无署名。

问她："你好吗?"她无辜地回答："其实我干坏（fucked）了。"我在大学图书馆念书念到很晚回家时，她常听我这么说，因此对此词的语用理解是它表示"非常疲倦"，而这么解释当然也没错，彼时和现在皆然。年轻的大学生这样说不令人意外，但从一位胖嘟嘟、六十岁、英文带着波兰腔的良家妇女口中说出，效果可就大不相同。幸好，口音有时能带给说者较多通融余地，她因此没有太丢面子。

这则轶事也显示字词和意义的武断本质。在我母亲听来，"干坏"不像是一个坏词，而且，就算发生了上述事件，这个词对她仍然缺乏"魔力"，尽管一旦学会游戏规则她便加以遵守。唔，大部分时候啦。

许多母语不是英文的人，都觉得用英文咒骂比用母语自由得多。这并不是因为，比方说，英文比其他语言"自由主义"，而是因为非母语的咒骂者没有经过通常限制阻止那些字词使用的社会化过程。在这种情况下，正如一个母语是瑞典文的中年人告诉我的，咒骂让人挺有解放感。

即使刻意使用咒骂来违抗体系，其中还是有规则，或可称为"违抗规则的规则"。身为咒骂的接收者，你可以选择是否遵守游戏规则——也就是说，被冒犯或生气或大怒——或者跨出规则范围，由此剥除禁忌字眼据称具有的杀伤魔力，一如玛丽莲四两拨千斤地对付奥立弗。

当然，咒骂者并非总是受限于礼仪。例如在公路发飙的情况，咒骂者并无意有礼地维持文明行为，怒气冲昏了发飙者的头，于是那段时间他或她选择自外于正常互动的规则。当然，此处谈的不是事实上有助于增进感情的社交咒骂，在那种情形的交谈中，团体成员认可彼此的咒骂，建立起一种相互接受的团结氛围。

@*%!

很明显，委婉语——或者以艾伦和柏瑞芝的说法，是用作盾牌的语言[1]——是一种精细世故且变化多端的技巧，以软化语言或迂回表达的方式避免伤害别人的面子。变化多端，是因为委婉语的使用期限不长；人们用它们努力掩饰若干臭味，但它们很快就会被那些臭味污染。史蒂芬·平克称此现象为“委婉语的耗损”[2]。然而，在仍有效力的期间，它们发挥的功用就像语言的神迹治疗圣地[3]。

关于生理功能，我们发展出数以千计间接、闪躲的说法，全是为了免于威胁到别人的面子。仿佛我们全都默认同意遵守公众架势和仪态的规则，避免做出导致撕破脸、有失颜面的行为。大部分时候，这项广为众人接受的理解都运作顺利。

作为强化情绪的形容词，可代替**干他妈的**（fucking）的委婉语之一，是如今已相当过时的**他奶奶的**（frigging），通常拼作

[1] Allan & Burridge（1991）.

[2] Stephen Pinker，《纽约时报》，1994 年 4 月 5 日，引用于 Dooling，1996：46。

[3] R. Hughes（1993），引用于 Dooling，1996：44 - 45。

friggin，比方“你这他奶奶的骗子，跟我说实话，该死的”。由于与干有关联，**他奶奶的**本身也受到污染，而或许出于这个原因，便逐渐不为人所用。毕竟，如果**他奶奶的**无法发挥委婉语的功效，那么当然不如找个新的委婉语，或者干脆回头去用直截了当的**干**。长此以往，**他奶奶的**一词颇可能完全消失，尽管语言自有其有机而神秘的方式，能为陈旧字词做出新安排。“frigmarole”就是一例，它的意思是“rigmarole（费时烦琐的手续），但更有过之而无不及”，比方“又翻遍洗衣篮想找一双干净袜子——同样老套的frigmarole”[1]。此外还有“kenoaf”，这是《麦克瑞俚语辞典》收录的一个委婉语，衍生自“干他妈的誓词”（fucking oath）。

他奶奶的的后辈亲戚之一是“他×的”（freaking），比方“真是太他×的糟了”[2]，句中的“太糟了”被拆开，插入“他×的”，一如“绝对干他妈的有够烂”也在词中穿插他字。心直口快得令人莞尔的伊凡娜·川普（Ivana Trump），有过年纪几乎只及她一半的外遇对象，据称当时她以“太他×的糟了”描述她丈夫对这段婚外情的不赞许。在“绕过干他妈的干道”上，我们似乎已从**他奶奶的**走到了**他×的**。

目前为止，我们已讨论过有组织的、明显的发泄方式，这些方式是社会演化出来，以有效管理人类想违反咒骂禁忌的此一冲动的某些面向。此外也有比较没有系统、没有计划、不那么制度

[1] http：//www. pseudodictionary. com/search. php.

[2]《悉尼晨报》，2004 年 3 月 19 日，页 18。

化的方式，是不明显的、由下而上（不同于前者的由上而下）的语言方法和手段，让人们比较可以打破咒骂的禁忌。

其中一种做法，是在发音和文法上加以扭曲，变成原先禁忌词的掩饰变体。比如**该死**以前具有相当强烈的宗教意义，指的是“开除教籍”，在教会掌有生杀大权、火刑烧死不是儿戏的年代，这是相当严重的威胁。随着教士权威的式微，社会进入俗世时期，几个世纪以来、漂洋过海之后，**该死**演化为相当温和、而且现在与宗教相当无关的“要命”（darned），如今此词的力道已经大为冲淡，略显古板，大约等同于踢痛脚趾的情绪字眼。

根据某些报告（但另一些报告则表异议），**天杀的**（bloody）一开始是“圣母在上”（By our lady），但在发展过程中经历了各种有礼的回避，例如“ruddy”“blooming”“bleeding”，或缩减为一个“b”，比方“这 b 东西坏了”。从这些例子可以看出，字词的新形式通常有押韵或押头韵的倾向。

天杀的的一项有趣发展，是用其类别名称“形容词”来取代它。例如狄更斯笔下有个人物便说：“我才不会让什么形容词的警察和形容词的陌生人进入我形容词的店里！”[1]彼得·凯瑞（Peter Carey）的《凯利帮》（*The True Story of the Kelly Gang*）也有同样的做法：透过主角奈德的第一人称叙事声音，凯瑞用“形容词的”（adjectival）代替了几乎所有咒骂词，底下举出几个例子：“我才

[1] Dickens，引用于 Hughes，1998：12。

不是你形容词的好朋友”“你这形容词的笨蛋”“你这形容词的×××”“那匹形容词的牝马”。

有时候，用来替代的委婉语会有始料未及的发展。伊莱莎·杜利托[1]那句令人侧目的骂词“天杀的不太可能!”成了1914年剧坛传诵一时的名句，后来还被命名为“艾斯考的情绪字眼”。想仿效杜利托小姐的咒骂者就此有了个现成的委婉语——“卖花女的不太可能!”——一整代的人都乐于大用特用。

几十年后，泰南事件产生了一个类似的委婉语。1965年，肯尼司·泰南接受BBC现场直播的采访时，冒出了一句干。接下来满天飞的报纸头条——“那个字出现在电视上”“侮辱女性”“这道德吗?”“对BBC本质的宣战”“开除四字词泰南”——确保他的名字永远跟那个冒犯词联想在一起，其程度之深，使得开玩笑的“把那扇泰南的门关上!”重演了当年“卖花女的不太可能!”的情况，成为那十年间最为人偏好的委婉语[1]。

甚至有个“各种场合通用”的委婉语是“blankety”，《柯林斯辞典》将其定义为“代替任何禁忌字眼的委婉语”。

截短字词只用字母的方式，在干的各种变化中也看得到，从“f开头的字”变成一个独立的字，例如“eff off”和“effing”[2]。我甚至在《伦敦书评》(*London Review of Books*)看过一篇文

---

1 Eliza Doolittle，萧伯纳《卖花女》(即电影《窈窕淑女》原著)一剧的女主角。

[1] Hughes，1998：195.

2 分别代表fuck off和fucking。

章[1]，名为《Effing the Ineffable》[1]。此处有个特殊的比喻延伸，用“f 开头的字”代表禁忌的**原型**，如育儿报《悉尼儿童》（*Sydney's Child*）最近登了一篇特别报道，陈述放任式教养的风险，标题叫作《“不”何以成了新的 F 字》（Why ‘No’ is the New F-Word?）[2]。

一种常见的回避策略是保留禁忌字眼的第一个音（**该死的**“d”和**屎**的“sh”），但转成另一个较无害的词，这招称为“重塑”（remodelling）[3]。这解释了**该死**如何变成“darned”和“drat”，也显示字词的持续存在。仍然有人会以（唔，如今也许主要是平常不咒骂的优雅老太太，或者家有耳朵很尖的学步儿的母亲，才会这么说）“shivers”“sugar”“shoot”和“shucks”——取决于不同地区的英语方言——当作暗示或回避**屎**的方式。

有两个词产生的委婉语特别多，足以填满辞典。一个是**屄**，法莫与亨利的《俚语及其同源词辞典》（1904 年初版）列出了约七百个同义词[4]。另一个是“上帝”，我们先前已经谈过一些。

---

[1]《伦敦书评》网站，http：//www. lrb. co. uk/v21/n23/newe01 _ . html。

1 在保留此处讨论“f 字”演变之脉络的情况下，此句的双关和音韵效果几乎不可译（否则，若只考虑字义和谐音效果，或可试译为“‘屄’近避讳之物”）。effing 的词义已如上述，ineffable 则为“不可说、需避讳”之意，两字的重音又皆为“eff”；简略说来，这个标题等于是用了代称禁忌字眼的词来传达/打破所谓不可说的禁忌。

[2] Jane Carafella，《悉尼儿童》，2003 年 8 月，页 12－13。

[3] Allan & Burridge，1992：15.

[4]《俚语及其同源词辞典》的详细资料可见 Hughes（1998）的参考书目。

掩饰机制中最著名的，或许是伦敦土话的押韵俚语（rhyming slang）这类委婉语，尽管这种方式相对来说比较新，1840 年左右才开始。这些俚语自有其成规，比方倾向使用地名（如 Bristol cities［布里斯托城市］代替 titties［奶子］）和酒馆名称（如 Elephant and Castle［大象与城堡］代替 arsehole［屁眼］）。语言时时在变，押韵俚语的变体也日新月异，如变成缩短版本，用“布里斯托”和“大象”分别代替“奶子”和“屁眼”。押韵俚语的另一演化特色是其缩短版本逐渐变得合乎文法[1]，例如“你这个蠢柏克”（来自代替 cunt［屄］的“Berkeley Hunt”［柏克莱狩猎］）。

另外有很多方式可以回避禁忌字眼[2]。艾伦与柏瑞芝在专论此一主题的重要著作中，对英文做了一番彻底研究，探索用作“盾牌”（委婉语）和“武器”（恶俗词）的语言，列出几十种以各式委婉语回避禁忌字眼的语言手段。我们可以改用正式语言（“排泄物”代替屎），或者相反的，改用口语（“例假”代替“月经”）甚至古老的词（“爱神麻疹”代替“梅毒”）。我们可以含糊其词（“下部”代替生殖器，或“胸部”代替乳房）。我们有数不清的词拐弯抹角地表示“厕所”（“小女孩的房间”）和我们在那里做的事（“补妆”）。我们也可以改用拐弯抹角的相反方式，将冒犯的字词削减成一个符号，用字母来代替整体（SOB 代替“狗娘养

［1］关于押韵俚语的更详细讨论，见 Hughes（1998）。
［2］见 Allan & Burridge（1991）。

的”，P代替“嘘嘘”或“撒尿”，或jeeze代替耶稣）。

此外，当然，每当有疑虑，我们还可以求助于拉丁文，就像女王那句效果绝佳的annus horribilis。一般说来，源自拉丁文的字词似乎特别能除去刺耳成分——想想“交媾”（copulate）和“阴唇”（labia）就知道了。事实上，一直到不太久之前，若某事物用英文讲起来太伤风化，拉丁文就是标准的替代语言。例如艾佛瑞·荷理斯（Alfred Hollis）1905年研究马赛（Masai）部族习俗的作品，便用拉丁文代替过于棘手难以处理的英文[1]。比方谈到马赛人相信性交象征天与地的关系时——大地自天空接收温暖与雨水，女人接受男人的授精成孕——荷理斯就退而改用拉丁文了1！

同样地，拉丁文也能帮辞典编纂者维护面子——唔，这是说那些选择收录冒犯字词而非完全将其剔除在外的编纂者。拉丁文既能保全编纂者的面子，又能保护天真无辜的读者。所以我们也就不难理解，pudendum muliebre何以远胜过**屄**[2]。

1959年版的《百万种循规蹈矩》中，作者苏菲·哈蒂达（Sophie Hadida）抱怨，像**地狱**和**该死**这类以前只有——依照她的说法——社会的“堕落分子”才用的词，现在却被“社会各阶层的人”使用，因此，“不当字词逐渐渗透了好男孩好女孩的词汇”。也许复习一下拉丁文会有帮助。

---

[1] 详细资料可见Allan & Burridge（1992）。

1　此句中的“性交”一词原文为coitus，即是来自拉丁文。

[2] 见Nathan Bailey，1730，*Dictionarium Britannicum*，引用于Hughes，1998：163。

跨文化的脏

没关系啦，这里只有你和我。没人会干他妈的知道。

——比尔·克林顿

粤语有个用途广泛的咒骂词，字面意思是“去跌死在街上吧”[1]。挪威语的“魔鬼”一词，实际使用起来约等于英文的干。说印尼语和阿拉伯语时，最好小心不要说别人是驴子。用拉脱维亚语叫人去大便，等于是在辱骂对方。如果想用法语侮辱人，切记：不管你骂对方什么，都可以加上 espèce de（一种）来加强侮辱效果；显然对法国人而言，被骂成“一种”某某东西，比单纯被骂成某某东西更糟糕。

1　即“仆街”。

罗伯·德赛告诉我们，俄语的咒骂词全都跟性有关[1]，所以美国电影对排泄物和身体私处常令字幕译者困扰，因为这些“对俄国人来说并不比手肘更禁忌”。根据比尔·布莱森（Bill Bryson）的说法，如果你凌晨两点打错电话吵醒芬兰人，而他或她起来接电话时又踢到脚趾，你就可能听到一个字面意思是“在餐厅里”的词（ravintolassa）[2]。在这类情况下，英文常用单音节、四个字母的**屎**或**干**，而对芬兰人而言，ravintolassa 显然是个方便、用途广泛、适合各种情境的情绪字眼。在此，词义显然远不及清涤效果来得重要。

当然，也有可能是芬兰人说起 ravintolassa 的发音特别有“咒骂意味”。毕竟，一名芬兰记者便曾就其母语的**屄**字这样说过：

> 我承认，我也会说 vittu……这个字的魅力一方面在于它那种侵略性的发音，两个“t”迫使舌头顶上牙槽，另一方面则来自它的粗鄙。这是浓重的低级风格，一时间把言谈带进了阴沟[3]。

让我们仔细检视一下有“咒骂意味的声音”的本质。门外汉

[1] Dessaix 于 Radio National 的 *Lingua Franca*，2004 年 7 月，“Swearing”，http：//www. abc. net. au/rn/arts/ling/stories/s1154069. htm；V. Erofeyev（2003）。

[2] Bill Bryson，1990：210.

[3] Malmberg，http：//www. kaapeli. fi/flf/malmber. htm.

语言学有个普遍得令人惊讶的看法，认为咒骂词的声音模式放诸四海皆准。我们常听人说“每种语言都有发/f/音以及/或者/k/音的咒骂词”这类话。其中的逻辑是，这些声响具有令人满意的清涤效果，非常适合发挥咒骂功能。

尽管这种看法直觉上很吸引人，但我觉得其中有些问题。首先，我倾向于认为，字义由于与社会禁忌关系密切，因此比发音更有分量，尽管我也承认字义和发音当然可以合作，就像伙伴一样，共同达成整体效果。其次，我们已经讨论过，咒骂的清涤效果虽然重要，但只是三大功能之一。第三，我找不到足够的跨语言证据，能肯定指出哪个音确实有放诸四海皆准的功用。第四，连英文本身都很难套用这个“放诸四海皆准的发音”的假设。且想想**屎**（shit）和**屁股**（arse）——两者都没有/f/或/k/音，而且尽管它们确实都有“s”，但那只是字母相同，发音并不一样。

最后，这看法违反了语言的一个重要原则，那就是字词与其指称之事物的关系是武断的（arbitrary）。在“狗”这个字和那种四腿动物本身之间，没有任何逻辑关联。以垂直或说历史的角度，我们可以追溯这个字的语源，查出它何时进入我们的语言，与“犬”（canine）又有何关系，等等。但若以水平的角度，试图联结意符和意指[1]，则会站不住脚。是的，我们心中有个幼稚的部分，**希望**标签和事物本身之间有合乎逻辑、天生固有的联结；我们在

1 signifier 和 signified，一译“能指”与“所指”。

童书世界里自然地、聪明地寻找秩序，便是出于同样的心理。这也是创意文字游戏的一部分，幼童很喜欢这种活动，但很快就放弃，八成是因为功课压力，而功课在概念上就必须是“玩耍”的绝对相反。

就这么说“狗狗”这个词一会儿，让它在你的舌头上下翻滚。很棒，不是吗？我们当然希望狗狗特性跟狗之间有本质的关联。这样感觉起来很对。狗就是比猫或鸟“狗狗”得多，所以它们才是狗啊。“难怪猪叫‘猪’。”第一次去农庄的小女孩说，“它们就是那么脏。”

或许，如果我们能给英文的“七大”——**干**、**屄**、**屎**、**尿**、**鸼**、**天杀的**和**屁股**（再加上**该死**、**地狱**、**屁**、**大便**和**屌**凑成“十二脏肖”）——找出一个模式，那么也许就有了可以套用验证的东西。最显而易见的模式跟音节结构和节奏有关。这十二个词当中，十个是单音节；另两个——**天杀的**（bloody）和**王八蛋**（bastard）[1]——都是第一个音节重音，后一个音节弱音。这点也符合**屁眼**（arsehole）和**干他妈的**（fucking）。这种节奏模式似乎偏好单音节或者字首重音（很适合用作情绪字眼），或者，在节奏较长的情况下，则任何非重音音节之前必有至少两个重音音节——“abSO-BLOODY-LUTely”（绝**天杀的**对）和“YOU FUCKing SHIThead”（你这**干他妈的屎**脑袋）。这种节奏的力道跟大部分咒

---

1 bastard 并不在上面列出的 12 个字之列，此处疑为作者疏漏。

骂的情绪性情境搭配得完美无缺。

第二种可能的模式在于字首或字尾的辅音。辅音的分类有两种条件，一是音从嘴巴的哪里发出（发音位置），二是发这个音时牵涉到的嘴巴部位（发音方式）。

在我们这十二脏肖中，一个模式是爆裂音（/k/、/p/、/d/、/b/、/t/）和摩擦音（/f/、/s/、/sh/）特别多。发爆裂音时，嘴巴完全封住，压力累积，然后随着发音器官（以/p/和/b/来说是嘴唇）分开，压力突然释放。所以**屄**（cunt）和**尿**（piss）有这种爆裂音效果。至于摩擦音，嘴巴缩窄到可以听见摩擦的声响（试着发/f/、/s/、/sh/或/z/看看）。唯一不符合这个辅音模式的是**地狱**（hell）。这个模式的意义在于，爆裂音和摩擦音都会使声音多出一种粗粝、情绪化的特质，很适合用来辱骂。

若要验证我们以英语建立起的这个模式是否适用于全人类的咒骂，会是项庞大的任务。但我们可以先做个开始。法语的**屎**是merde，似乎缺乏/f/或/k/的因素，且字首不是爆裂音，而是鼻音。然而，由于/m/是双唇音（也就是以双唇接触发音），因此跟/p/、/b/这两个爆裂音的发音方式相同。此外，merde也是具有清涤效果的单音节，且字尾是爆裂音/d/。日语的“白痴”是バカ（baka），有两个分量相等的音节，两个音节都有爆裂音，使此词听来强硬，很适合其辱骂内容。希伯来语的ben zonah（婊子养的）有一个爆裂音（/b/），一个摩擦音（/z/），一个单音节和一个重音在前的双音节词。另一句希伯来语的骂人话，lech tizdayen

（去干你自己吧），有爆裂音（/t/、/d/）和摩擦音（/ch/、/z/），音节和重音的分配也很合适，制造出声响配合词义的效果。希伯来语也借用了阿拉伯语的咒骂词，如 koos（**屄**）。此字在罗马尼亚语则是 pizda，两个音节的起始都是爆裂音（/p/、/d/），加上一个摩擦音（/z/），重音同样也在第一个音节[1]。

因此，不同语言的咒骂词有若干共通发音成分的这个门外汉语言学概念，似乎有点道理。第一个模式适用于典型的情绪字眼，由单音节或重音在前的字组成，包含爆裂以及/或者摩擦的辅音。第二个模式在于节奏，或说音节重音的分配："MOTHerFUCKer"（**干**你**娘**）和"COCKSUCKer"（**吸老**二的）只是两个例子，且其中也分布了念起来铿锵有力的爆裂音。

一个咒骂词若要被人接受为咒骂词，并有效运作，需要符合若干核心条件。

首先，这个词必须有冒犯性。你不能拿"桌子"或"树"当咒骂词，因为这两者都冒犯不了任何人。

其次，咒骂词需要特定的冒犯性，跟温和轻率的"便便"（poo）、"玻璃"（bum）、"想'抨'一下"（fancy a bonk）不同，这类词可能是也可能不是脏话的简单例子。

第三，该语句必须触犯一项禁忌，把任何一样被视为私密的

1　有趣的是，中文世界一些常用的粗话似乎也符合这个条件，如普通话的"肏"（/ts/，摩擦音）、"屄"（/b/，爆裂音）、"屌"（/d/，爆裂音），台语的"干"（/g/，摩擦音），粤语的"𨶙"（/d/，爆裂音）等等。

活动拉到公众领域。

第四，咒骂词必须**有意**造成听者的震惊或愤怒或不自在。基于这个原因，尽管《蒂许与楚德》这部澳洲片充满脏话，但我认为不能全称之为咒骂——其中很大一部分脏话是在家里说出，已经失去力量，八成也失去造成震惊的意图。

第五，该字词必须实际存在。尽管科幻小说作家似乎喜欢让他们的主角口出编造之词，如“Flarn!”或“Tanj!”或“Skiddlyboo!”，但这些其实只是“徒劳无功的尝试，想给干干净净的故事一点口吐脏字的效果”。这些字词发挥不了作用，因为它们不是实际存在的东西。

第六，仅是“实际存在的东西”并不够，它还必须是众人广泛同意为“黏湿恶心的东西”。

最后，不管这个字词指的是什么东西，都必须“由爱尔兰人口中说出很像样”。这句话是一名公众语言评论者的意见，他自称“雪貂”，并称爱尔兰人为“诅咒大王”[1]。以我的理解，这一点单纯是表示该字词的发音或语气（雪貂称之为“咒骂腔”）跟词义一样，对效果有关键性的影响。

@*%!

有些语言特别注重诅咒，因此有大量现成片语可供各种情况使用。翻译起来，这些片语的辱骂效果可能会消失，甚至显得好

---

[1] http://www.theferrett.com/showarticle.php?Rant=34.

笑，但我们必须记得，原文用在母语说者之间时，他们立刻能意会到其中辱骂含意的全副力量。

不同的语言有不同的模式。比如波士尼亚语的诅咒似乎绕着家人打转：“愿你的小孩在电路里玩”“愿你妈在学校会议上放屁”。若说波士尼亚人把矛头指向家庭，荷兰人则专攻病痛。他们的诅咒内容是希望对象得病，最好是霍乱、伤寒或肺结核。荷兰语有可供一般广泛使用的 krijg de ziekte（生病吧），此外也偏好癌症——kankerhond（癌症狗）骂男性，kankerhoer（癌症娼妓）骂女性。还真不错。

据称保加利亚语有以下这句妙词，还带有颇具古趣的和好可能性：“把你的奶子甩到肩膀上，一路朝圣去茅房；等你解放了再回来，我们可以重新谈过。”看来对于没奶子的人就没通融余地了。不幸的是，我无法从我的保加利亚资料提供者处完全确认这种说法的真实性。一个人说：“这基本上是真的，除了甩奶子那部分……基本上，一个人生气发火的时候，可能会说类似这样的话：‘你去厕所解放一下，然后我们再谈。’”第二个人说他从没听过这种说法，怀疑其真实性，因为“长的咒骂在保加利亚语中并不典型——西班牙语或意大利语也不是这样”。第三个人说八成真有这说法，因为“又长又强烈的冒犯句子在保加利亚语中很普遍”。到这时候，我已经明白，就算再问其他保加利亚人，也不太可能获得确认，只能做出结论，这个甩奶子的例子或许有一丁点真实性。

我们知道咒骂很难翻译得传神流畅，甚至连原本的效果都很难保持。捷克语有句表示“走开”的骂人话，翻译起来变成相当技术性的“别在这里氧化”。有趣的是，挪威人可以骂自己的同胞为“干他妈的杀鲸鱼的挪威人!”，其中显然充满讽刺（而且不涉及狂热环保意识，因为他们对猎鲸此一活动自有其不同看法）。侮辱荷兰人的母亲，完全不如侮辱拉丁裔人的母亲那么恶毒。

然而，大部分时候，同样的字词换了种语言，就是缺乏原文的力道。若说英语最恶劣的咒骂词是**屄**（尽管也有人会投它的主要对手**干你妈的**一票），我们不能因此认定此词的辞典翻译（例如法语的 con 或意大利语的 conno）跟英语有相同的效果。con 虽然也是咒骂词，但缺乏**屄**的语用力道，其咒骂度约略等于英语的**鸡巴**或**屌头**：不是什么好字眼没错，但说具侵犯性又邪恶吗？差得远了！

巴黎计程车司机不爽的时候，最爱用的辱骂词或许是 connard（约略等于**屌头**）和 connasse（这是阴性——我忍住没问我的资料提供者，是否有人考虑到女性**屌头**实际上不太可能存在）。有个朋友的朋友有次去巴黎，很得意自己靠着以前在学校学的法语皮毛也能四处走，没碰上太多麻烦，还听到路上的计程车司机老是骂彼此“鸭子”（canard）。她不知道自己其实是把“屌头”听成“鸭子”，还心想法国人真富古趣，不像澳洲人可能大骂**干**什么什么，反而基于某种难以解释、但八成根深蒂固且非常值得尊敬的文化原因，用“鸭子”骂人。

不同的文化对同一种现象可能尊崇也可能侮辱，一个有趣的例证是胡须。介于男性鼻子和上唇之间这一撮看似无伤大雅的毛发，在伊拉克等地的文化中占了很重要的地位，并常出现在各种不同言辞的行动中。比方说，伊拉克人用它来发誓敲定一笔买卖："以我的胡须发誓"就等于我们说"以我母亲的坟墓发誓"或者"这点我向你保证"。胡须也用来称赞人，比方"他的胡须可以停一只老鹰"；或者用来激励人，如萨达姆以"伊拉克就维系在你们的胡须上"为军队打气。我猜想，在后者这个相当具象的说法里，爱国的骄傲混杂了男子汉的骄傲，而如此组合能使军人更勇敢、更优秀。

胡须可以灵活运用于侮辱或辱骂，也就不令人意外了[1]。2003 年 3 月，在杜哈举行的一场阿拉伯高峰会议上，礼节荡然无存，因为伊拉克代表骂一名科威特外交官："闭嘴，你这猴子。诅咒你的胡须。"在这个"脸上的毛发简直等于图腾"的地区，诅咒另一个男人的胡须就相当于挑衅对方打架。相反的，在保加利亚，脸上的毛发是很方便好用的对女性的侮辱："你长了胡须"的字面意思是"你鼻子下有第三道眉毛"。

从这些例子看来，一种语言里大部分的咒骂成规对外人来说都是"可不是吗!"。然而，扣掉特别多彩多姿的个别案例，对不同语言的咒骂词做一番巡礼之后——www. insultmoger. com 的

---

[1] Jess Cagle，"About Tom"，《时代》杂志，2003 年 3 月 17 日，页 15。

“咒骂大全”，也就是全球咒骂词的部分，号称可以让你学会“用一百三十三种语言侮辱、咒骂、诅咒”——浮现的结果是其共通而非不同之处。这些共通点极为普遍，我们或许可以终于谈到一些放诸四海皆准的原则。

毫无疑问，咒骂最主要的模式是性和排泄物，这两者既可单独使用，也可以加在一起达到更强的效果。性方面的焦点在于性器官，且明显专注于——好个意外，对吧！——男性那话儿的大小和强度。生理排溢物，尤其是精液、尿液和粪便，在咒骂中很普遍，排出这些东西的孔穴亦然，还有多得令人侧目的建议，叫人把什么东西塞进他自己（或他亲戚）的某某部位。用来辱骂男性的多半是各式表示愚笨的词，或缺乏男子气概的词（通常是对男同志的贬称）。一个非常普遍的辱骂说法，是叫对方或对方的家人去进行同性恋的自慰或肛交行动。

用来辱骂女性的词——又是一项意外——则完全限于她们被认知的性角色和生理功能。事实上，全世界各地都以杂交来辱骂女人（想想英语的“娼妓”“淫妇”“骚货”“浪女”“臭婊子”“贱人”等等）。至于“英语中屄的重大意义来自广泛且长久以来盎格鲁-萨克逊文化对女性性征的不安”这个门外汉观念，跨文化的咒骂模式比较显示并无此据。事实上，对若干彼此没有关联的语言的咒骂词做一番采样巡礼，显示的结果是，若说使用以阴道为主的咒骂词反映了该文化对女性性征的焦虑，那么盎格鲁-萨克逊人可是吾道不孤。事实上，这辆“对女性性征感到焦虑”的列车已经挤得只剩站位了。

另一个主要特点是兽交，不过辱骂对象被比成哪种动物，或者被建议跟哪种动物性交，则随文化有所不同。我踏遍无数咒骂网站，看到各式各样的建议项目，从颇具异国风味的角山羊到平凡无奇的农场鸡都有。

几乎所有地方都拿母亲做标靶，而且在许多语言中，只消在辱骂的脉络里提到母亲，就足以正确传达说者的意思（言下之意指的是什么行动），如西班牙语的 tu madre；非裔美国人的“你老妈”；以及南非索沙（Xhosa）族人说的“你妈的耳朵”。在这些情境下，tu madre 足以代替较长的含意：“去干你母亲”，因此本身也变成一个情绪字眼。英语也有类似的例子，如“去你的”，在脉络中，没人会真的不清楚这话指的是身体哪一个孔穴，是谁的身体，又是要进行何种动作[1]。

然而许多语言仍坚持要把话说得一清二楚。我听说，保加利亚语会骂别人的母亲在森林里跟熊办事；其他语言挑的对象是猪或马，芬兰语则是驯鹿（唔，不然还有什么！）。其他把母亲牵扯进来的方式包括鲜明描述她的身体部位，说她满身长毛，以鲜明恶心的词句形容从她身上各种孔穴散发的各种气味，列举她各式各样出于自愿与否的性伴侣，以及侮辱她的庞大体形，通常是描述某种特别巨大的公共交通工具可以轻易从她双腿间通过。

1　原文为 up yours，是叫人把某物塞进肛门之意的简称。

其他祖先也可以被扯进辱骂的对话，接受各式语涉性交或屎溺的言语凌虐。在法希（Farsi）语里，威胁要跟或宣称已跟对方祖先或父亲的灵魂办事，显然是很有用的一招。在巴西葡萄牙语中，你可以说对方的父亲既是同志**又是**狗娘养的，达到一石两鸟的双重效果。谈到家庭关系，乱伦禁忌或可视为放诸四海皆准的所有禁制之母，因此用于咒骂非常受欢迎，通常是叫被辱骂的对象去干他的母亲、姊妹、女儿以及/或者祖母。

就我的研究范围所及，只有保加利亚语特别辱骂对方的阿姨。我们不禁想问，保加利亚的阿姨有什么特别的地方吗？我的保加利亚资料提供者之一表示，pichkata lelina（阿姨的屄）之所以是个常用的咒骂片语，原因可能在于这个词的发音，而非“阿姨”有什么特殊意义。另一名资料提供者建议，这词若提及母亲，就会真的非常有冒犯性，改用阿姨则多少降低了辱骂的刺激性。换言之，这是个委婉语。第三人的看法是，大部分男人都有若干程度的伊底帕斯情结，因此用阿姨而不用母亲来咒骂比较容易，比较不会直逼他们的心魔。但这样一来问题就在于，为什么保加利亚男人比其他男人更有伊底帕斯情结，而我并不打算朝这个方向进行讨论。再一次我惊讶于保加利亚资料提供者意见的歧异，不只关乎他们母语中的脏话，也关乎他们如何解释那些词语的心理因素。

然而，多数地方加诸母亲的大量辱骂并非放诸四海皆准。咒骂方式反映一个民族的文化，而关于在咒骂中夹杂对母亲的诅咒，一名芬兰作家是这样说的："诅咒母亲，若换到芬兰则无法想象。在那里，侮辱母亲只会让人大惑不解。"[1]

大部分文化中，咒骂混合了不同程度与形式的脏污、禁制（尤其是乱伦禁忌）和神圣事物。一个特别强烈的模式把以上三类都包含在内，其公式归纳起来很简单：拿一个宗教人物，充分抹上涉及脏污或性意涵的辱骂词语。想想以下这些句子所混合的宗教、性与屎溺意涵：英语的"干他妈的圣母玛利亚"或"干他妈的耶稣基督!"；西班牙语的 me cago en Dios y en la Puta virgen（我拉屎在上帝和干他妈的圣母身上）。

我们也别忘了另一个遍及各种咒骂文化的特点——加入匪夷所思、光怪陆离的东西。比方模里西斯克里欧（Creole）语有一个片语便提到"你妈的老二"。许多咒骂内容提及的姿势和招数，对身体各个部位和孔穴——还有手指和肌肉的柔软度——都有难以达成的要求。或许只有年轻、体格又好的人，才有资格当被咒骂的对象吧。

相对说来，辨识出另一种文化的光怪陆离事物比较容易——"光怪陆离"（bizarre）本身就是个高度族裔中心（ethnocentric）的概念，这或许是需要有人类学家的一个好理由——但要辨识出自己母语中的特异古怪之处就没那么容易。比尔·布莱森指出英语的几项基础深奥之处，用英语咒骂的人八成鲜少想过这一点：

[1] Malmberg，http：//www. kaapeli. fi/flf/malmber. htm.

> 英语很不寻常地包含了不可能和令人愉快的事物……想要表达极度愤怒时，我们会要求我们生气的对象去做某种解剖学上不可能的动作，或者，更奇怪的是，要求他进行某项几乎可说一定比任何其他事物更让他愉快的活动。仔细想想，有什么比“去被干吧！”更不可思议的骂人话？我们不如干脆怒骂：“去发财吧！”[1]

据说某些文化完全不咒骂。这份名单通常包括日本人、爱斯基摩人、马来人、玻利尼西亚人和美洲印第安人[2]。以我的理解，“完全不咒骂”指的是该语言缺乏非外来的咒骂词，而这个概念可能颇令人费解，甚至违反直觉。思及我们讨论过的咒骂的三大功能——也就是清涤的、辱骂的、社会的——很难想象有哪个民族身体协调度好到从不会踢痛脚趾，运气好到一辈子从不会踩到狗屎，个性又和悦到从不需要表达一时的失望、惊讶、愤怒、痛苦或挫败（告诉我这个星球在哪里，我一定立刻订票飞去）。同样令人不解的是，尽管人际关系的和谐程度必然是每个社会大不相同，却有某个社会——除了《超完美娇妻》（*The Stepford Wives*）片中那种社会——的人从来不需要表达针对或关于彼此的恶意。

但以这种方式探讨这个主题，是注定要失败的。在非常真实的层面上，我们用来看东西的透镜确实形塑了我们所看见的东西。

---

〔1〕Bill Bryson，1990：211.

〔2〕此处两个很好的来源是 Montagu（2001）和 Hughes（1998）。

如果我们要找的是相当于英语的版本，那么大概就会发现“爱斯基摩人不咒骂”。要研究人类文化，这是一种过于天真的看法；人类文化极度复杂，许多人类学家和语言学家都揭露并探索过这一点。

我认为，“谁咒骂？/谁不咒骂？”这种二元对立的划分法，是因为问错了问题：人/语言是否相同或者不同。我猜，一个比较好的问法可能是：人/语言有何相似？又有何不同？[1]但若这样问，就表示愿意接受无数的不同点，并面对由此而来的复杂性。我看得出“爱斯基摩人不咒骂”这种简单明了看法的吸引力何在。

不同的语言以不同的方式切割世界。就以颜色这概念为例。颜色应该是视觉功能的一部分，因此应该是人类共通处境的一部分。我们或许以为所有语言都会讲到颜色。但事实上，英语概念中的颜色绝对不是放诸四海皆准或人同此心，心同此理的知觉。许多语言没有字词形容颜色，这可能表示该语言说者的视觉经验不必将颜色单独分隔出来、脱离此一经验的**其他**面向。比方英语的“蓝”仅表示颜色，但“金”和“银”除了颜色**还**表示质感(闪亮的表面)。有些语言大量采取这种方式[2]。

当然，颜色只是语言以不同方式呈现的许多概念之一。我们都透过自己母语的尺度或说透镜看世界，但这一点我们通常不会去想，大部分时候只是认定自己的方式就是正确的方式！此外，

[1] Lofland，引用于 Planalp，1999：195。

[2] Wierzbicka，1999：273－274.

如果我们一辈子只知道这么一种方式，那么“我的才是正常的”这种感觉就会愈发强烈。

澳洲近期一项公众辩论正触及此一议题：确切言之，是说塔斯马尼亚原住民（Tasmanian Aborigines）缺乏指称“土地”的字词[1]。据历史学家温夏托（Keith Windshuttle）的说法，原住民缺乏指称“土地”“拥有”“占有”或“财产”的字词，因此没有产权或领地的概念，所以表示他们不会有侵犯僭越他人地产的概念，也就表示他们当年不可能将欧洲的屯垦殖民视为“侵占”。然而亨利·雷诺兹（Henry Reynolds）激烈反驳，提出证据显示当时数种原住民语言都有领地和产权的概念，直指温夏托居心可议，研究有限，又抱持偏见。

比喻是一种可用来了解跨文化变异的方式。若说以内脏作比喻来表达情绪，是人类经验放诸四海皆准的核心通则之一，那么不同民族使用的比喻或许可让我们一窥各种不同的世界观[2]。

就从英语开始吧，我们常用“心”来表达强烈的情绪：“我读到那封信时，心为之一**沉**”“她走的时候，我觉得我的心**碎了**”“我怀着**沉重**的心情去做那件事”。由此我们可以推论，当说英语的人感觉自己心下沉、碎裂、变沉重，是一种特别深刻的情绪。

现在，让我们来思考波兰语的心。这些心也会碎，此外还会

---

[1] Windshuttle，2002：110；Reynolds（2003）.

[2] Wierzbicka，1999：297.

被**挤捏**、**切割**和**撕裂**[1]。中文的心也会感受到切割，事实上还特别说明进行切割的是刀子（我**心如刀割**）。中文的心还会**"焚"**[2]，而其他器官如肠和胆则会感觉**"断"**或**"破"**[1]。

卡亚迪尔语（Kayardild）是一种澳洲原住民的语言，其**切割**和**破碎**的情绪发生在胃部[3]。器官不同，痛法不同，强烈情绪则类似。语言学家安娜·维兹碧卡（Anna Wierzbicka）明智地不愿轻易等同不同文化的情绪，因此只列出少数放诸四海皆准的情绪，还加上"～类的"一语——"愤怒类的""畏惧类的"[4]。

若我们认为咒骂主要跟负面情绪有关（这表示此处的讨论排除社交咒骂此一类别），那么理解不同文化如何表达负面情绪，可让我们从而探究其中是否包括以及如何包括咒骂。但文化"多样性"既是文化"之间"也是文化"之内"的建构。我们知道，即使同一文化的人，表达能力也有极大的差异。若不记住这一点，就会落入刻板印象的老套，如英国人全都矜持内敛，澳洲人全都轻松随意，美国人全都大嗓门，德国人全都爱吵闹。不同文化的人各有不同，同一文化的人也各有不同，这点只消看看我们自己的家人就能明白。

负面情绪的表达方式或可视为一整道渐进光谱，峇里岛人八

---

[1] Wierzbicka，1999：298.

[2] Chun（1997），引用于 Wierzbicka，1999：301。

1 如"心焦如焚""吓破胆""肝肠寸断"等。

[3] Evans（1994），引用于 Wierzbicka，1999：302。

[4] Wierzbicka（1999）.

成落在接近不动声色的一端。峇里文化预期他们表达正面感受，但隐藏负面感受，因为他们相信后者会减弱生命力、侵蚀力量、让人容易受到他人恶念的攻击[1]。同时他们却又很敏感，很容易察觉可能暗示其他人有负面感受的微妙信号。类似的，马来西亚的奇旺（Chewong）人偏好保持不动声色的日常镇静态度，因此也可以放在此一光谱不动声色的一端。

而在另一端的语言和民族，其文化不但支持而且预期他们充分表达情绪。在最极端的这一头，有些文化对情绪表达抱持着“通风式”的看法，相信压抑情绪是不健康的[2]。提出清涤概念的亚里士多德很适合置身于此，当代西方社会许多人亦然，他们认为心理咨商和谈话疗法对身心健康是不可或缺的。南太平洋若干社群会进行情绪治疗的仪式，比较着重于维系社群的人际福祉而非个人健康，但对所有人而言都能发挥清涤释放的效果[3]。

例如麦克罗尼西亚的伊法路克（Ifaluk）人有一种“理由正当的愤怒”的概念[4]，有大致可算既定的剧情角色分配给被冒犯和冒犯人的双方，每人一组情绪，以道歉或赔偿作为补救方式，甚至还有情绪顾问的角色，其主要功能是督促被冒犯的一方摒弃不好的念头，恢复平静。也许跟高阶主管的人生顾问差别没那么大？继续往勇于表达的一端走，我们看到说俄语、法语、意

[1] Wikan（1990），引用于 Planalp，1999：210，221。

[2] Planalp，1999：220.

[3] Planalp，1999：222－223.

[4] Kluz（1988），引用于 Planalp，1999：228。

大利语、德语的人享有善于表达情绪的文化，有大量咒骂词可以使用。

但就连这样的光谱，漏掉的东西还是跟说明的一样多。若说“表达”指的不是显露，而是指该情绪在该文化中是否受到重视，那么情景就为之一变。例如在中国乡间，情绪的显露以西方标准看来十分鲜活，但这些情绪并不受重视[1]。情绪的爆发不被视为危险，但也不被视为有达成任何目标的用处，所以等于毫不重要。

因此，各种文化表达及管理负面情绪的方式是非常多样化的。以日本人为例，许多撰文讨论咒骂的作者都宣称日本人不咒骂，日语没有咒骂词。当然，许多日本人一般都不愿承认自己咒骂，不愿承认他们的语言有咒骂的字汇。追问之下，他们可能会承认**悪い言叶**（坏字词）的存在，然后劝你永远别用那些字词。而且这种缄默的态度很普遍。

我的资料提供者之一是个娶了日本太太的英国男人，他拿我用来收集日语资料的问题去问妻子，她说她帮不上忙，因为她不知道任何日语的咒骂词。各位，她说这话时可是睁着大眼一脸无辜，尽管她丈夫完全清楚她的咒骂本领，而她也清楚他知道，因为他对此有第一手的经验。可不是吗！

长期旅居日本的美国人杰克·西渥（Jack Seward），对日本人

[1] Potter（1988），引用于 Planalp，1999：206。

和日语做了一番研究[1]。他写道："我非常不……相信……日本人没有互相侮辱的能力。最后我终于醒悟……（我遇过的所有日本人）都参与一项庞大之至的阴谋，阻止我们……用他们的语言侮辱自己——也侮辱他们。"他称这种现象为"坏字词阴谋"。

虽然日本人这个民族据称不咒骂，但其语言中仍有许多字词呼应其他比较不羞怯、咒骂比较公开的文化所专注的主要事物。www. insultmonger. com 的咒骂大全列出了两百多个日语咒骂词。一如任何咒骂词的列表，这些词并非所有人都可以在所有情境用在所有人身上。此处主要的变数在于性别、年龄及阶级因素，如老板与职员。此外，任何这种列表上的字词都可能过期，或者用法有所改变。然而，这些词仍提供了可取用的资源，随情境条件改变。

让我们来探讨一些典型的日语咒骂场景，从清涤类型说起。如果你撞到头或者不小心割伤，可以说いたい！（好痛！），此词也有个比较不礼貌的形式（いてい）。然而，如果高峰时间有人在地铁里踩到你的脚，你或许会冒出一句いたい，但不会咒骂对方。这点与其说是有礼，不如说是大批人群朝四面八方前进，而且每个人上班都快迟到的作用。

一个非常普遍的说法是まづい，约略说来或许类似"哦，讨厌！"，比方你在公共场合，在一些正式文件上签名，结果写错字，

[1] Seward，1968：172.

于是你冒出这句人家听得见的情绪字眼，这是可以接受的，因为别人明白你是在自言自语。这是踢痛脚趾型的清涤释放，不针对任何人。类似的用语还有しまつた（要命）或ちくしょ[1]**（地狱！该死！）**，比方你坐地铁坐到半路，才想起把一样重要的东西忘在家里；或者你正在开车，突然意识到有个轮胎爆胎了，这事发生得真不是时候（不管什么时候都不是时候吧?）；或者你刚接到成绩单，消息不大妙。

以侵略性的发泄词汇而言，日语也有大多数语言常见的焦点如排泄物、排溢物、性器官、性活动，包括（但并不比其他任何语言多）变态的性活动。若说他们这方面的词语有何不同，就是比英语更多指称而较少情绪。他们也有其他常见的词如“他妈的滚开!”“去被干吧!”“你他妈完蛋了”以及**屎**和**屁眼**。此外，一如所有语言团体自有其与众不同之处，日本人也有他们独有的表达方式。

他们显然不喜欢萝卜腿或O型腿的扁胸女人。还有老妇和老头，尤其是长得不甚美观却握有某种权威的，特别容易被当成标靶。一般的注目对象如丑、肥、脏或怪也有各种词语表达，其中有些可能有辱骂意味，有些比较友善，有些如今已相当老式，有些带有轻微责备之意，比方母亲对孩子说话。这些词按字面意思翻译起来可能颇为古怪，如**金玉**（きんたま，金色睾丸）、**宇宙人**

1　汉字写作“畜生”。

(うちゆじん，外星人、异形)、ころしてやる（我要宰了你)、へそまがり（奇形怪状的肚脐/怪胎)。但话说回来，我们先前也谈过，“去干你自己吧!”也相当怪异，就算只从生理角度而言。

已有人指出日本人对于性不像西方人那么执迷，态度较为坦率、现实。西渥说：“对他们而言，性与道德问题无关，并不带有邪恶的污名……一如日本文化中的所有活动，性被安排好一个位置，有各式规则，但在这些规定好的界限内，他们积极从事并乐在其中。”[1]因此，很合理地，性在日语中比较不是禁忌，不像好几个世纪以来的英语。

至于何以如此，则人言人殊。有一种观点认为这跟日本的创世神话有些关系[2]，其故事非常直截了当：男神遇到女神，双方交换关于自己身体的资讯，包括彼此男性特质及女性特质所在的位置，然后就开始办事。没有什么肋骨啦，蛇啦，苹果啦，失落的天真啦这些节外生枝的东西。他们搞清楚该怎么做，彼此达成共识，然后就动手了。

回到女人这个主题，我们已讨论过，各地咒骂文化中一个放诸四海皆准的特色就是：女性，尤其是母亲，似乎特别容易受到辱骂。日语也不例外。ばば一词意指“老妇”，可以加上各式各样侮辱的形容词（包括皱兮兮、没牙、活像狒狒、鲨鱼皮、驼背、鱼脸、干巴巴、乳房下垂、洞口生锈、梅干脸等，任君选择)。此

[1] Seward，1992：127.

[2] Seward，1992：127－128.

处显然倾向使用复合形容词，提供完全DIY的侮辱资源。对于这种辱骂，一种解释是日本女人年纪一大就（据称）“容易比西方老女人完蛋得更快也更彻底”[1]。据说她们年纪一大就变得尖牙利齿、作威作福，但这也可能是在丈夫和婆婆面前忍气吞声多年之后苦尽甘来的绝地大反攻[2]。

在侵略性的咒骂场景中，日本人最常用也最强烈的词是バカ，其字面意义为“笨蛋”“白痴”“没大脑”或“傻子”。バカ的字面意义在英语中相当温和，完全传达不出其语用力量。字词和意义在不同文化中有不同的运作方式。别忘了，法语的con也是相对而言比较温和的字。英语的**王八蛋**翻成日语是**私生子**（しせいじ，不合法的孩子），但没有英语那种令人羞惭的污名。污名是存在的，但就跟很多其他日本事物一样，语言避免提及，于是它变成又一个无法启齿的词语。另一方面，代表乡下人的词（等于我们的“土包子”或“乡巴佬”）在日语中就有很强烈的意思，因为在这个国家，战后复兴的奇迹使其从乡村经济迅速转变为工业化经济巨人，人们对传统事物抱持轻蔑的态度。由于日语咒骂词翻成英语都显得温和，因此或许造成了日本人不咒骂的这种门外汉概念。

《日本时报》（*The Japan Times*）日前报道了城市环境中的所

---

[1] Seward，1968：174.

[2] Seward，1968：174.

谓“バカ爆炸”[1]。在社会迅速改变、经济日渐不稳的脉络下，バカ的使用频率被视为公众的烦躁指数。换言之，バカ已经存在很久，但使用它的情境门槛则变低了。失去社群的归属感，个体性、自主性等西方概念的影响日益增强，都与此一现象有关[2]。我有个资料提供者长期旅居国外，生于美国，四处游历，能说好几种语言，对文化差异很敏感。他悲哀地表示：

> 恃强凌弱的事在社会各阶层层出不穷，幸好日本对枪支的管制很严。バカ也是其中的一部分。没人希望被骂“笨”，但从会走路起你就一直被骂，也许要骂到你死的那一天。而且死后还不放过，比方有句话就是“那个笨蛋就这么死了”。这或许是我的视角问题，其他人八成会骂我バカ[3]。

社交咒骂自有其成规，比方一群朋友谈到另外一个人时，你可以预期听到用途非常多端的バカ（白痴）、くそたれ（白痴）、くそじじ（笨糟老头）、あほばぁちゃん（笨老太婆）。显然，脑力（缺乏）和年龄（太大）是特别的攻击目标。或许，在这样一个劳动力愈来愈走向以知识为本且敬老尊贤的传统迅速瓦解的国家，

[1] Ashby（2003）.

[2] Takeshi（2003）（译按：根据原书后所附的参考书目，此段参考出处应为《バカの壁》一书，作者养老孟司［其姓名罗马拼音为 Yōrō Takeshi］。然而原参考书目中误将养老的姓与名倒置，列为 Takeshi，Y.。特此说明。）

[3] LH 与作者的私人通信，2003 年 10 月。

这种咒骂并不令人意外。

尽管有以上这些例子，仍有人主张日语不如英语的咒骂那样“就是漂亮，有持续发明的能力和令人瞠目结舌的力道”[1]。写这句话的人母语是英语，因此有先天的偏见。事实上，评估关于咒骂的比较研究时，分析者的偏见是很重要的因素。请看这名芬兰作家怎么说：

> 我敢夸口，我们芬兰人有很精彩的诅咒词汇。听说土耳其人这方面也很丰富。另一方面，法语的诅咒实在不值一哂，而英国或美国人的咒骂——不好意思——我也觉得不怎样。

她继续如是说，我们听得出其中的骄傲：

> 我们（芬兰人）有着四面八方收集而来的咒骂词。传统的perkele是古早向波罗的海借来的，是我们的诅咒之王，意为“魔鬼”。perkele来自于无法控制的自我深处，回荡着杉林和斧头的声响[2]。

至于所谓日本人不咒骂，或者日语缺乏咒骂词这种说法，我认为有欠研究。目前有人对日本典型的年轻大学生阶层做了份简

[1] Seward，1968：173.

[2] Malmberg，http：//www. kaapeli. fi/flf/malmber. htm.

短问卷，结果得到许多等同于“闭嘴”“去死啦”“下地狱吧”和“他妈的滚开”的词句，还有各种对年长者的辱骂词，尤其是老女人，辱骂内容则涉及不守妇道以及/或者臀部太大。

然而，若说日语不像英语这么需要咒骂词，这种论点也有其理由。首先，宗教的地位不同。基督教的上帝是信徒深深敬畏恐惧的对象，但日本传统的敬畏和恐惧则分散（冲淡?）于许多不同的神祇之间，使宗教影响力大为减弱，而这也反映在什么事物被视为禁忌。事实上，战后日本社会愈来愈俗世化，意味着宗教如今的影响力甚至比以前更小。

其次，基于也与体制和教条有关系的理由，日语中代表身体部位、生理功能和产物的字词完全没有那么强大的力量，不像其他宗教曾蔚为体制的国家。

然而，这并不是说日本人就没有禁忌。他们最大的一项禁忌就是无礼或侮辱。“坏语言”这个词事实上指的是“无礼的语言”。一位研究日本语言及文化的专家曾告诉我，日语的咒骂就是打破礼貌的禁忌，而在日语中，要打破这项禁忌有很多很多种方式[1]。正因为日语自有其特定的、符合内部逻辑的方式可以表达无礼和侮辱，因此就不需要那么多自成一类的咒骂词。然而，这绝不等于“日本人不咒骂”。

对日本人而言，“好”语言是确切地、仪式性地遵循有礼的公

[1] Marguerite Wells 与作者的私人通信，2004 年 3 月 20 日。

式[1]，而坏语言则是打破那些公式。对母语是英语的人来说，学日语最大的挑战或许就在于了解并实践日语对话仪式的规则。青木与冈本专为母语是英语、住在日本的美国人写了一本书，教他们如何学好日语。书中大量举例，清楚说明这两种语言的交集何在[2]。他们的重点不在于字词的辞典定义，而是强调字词在特定情况下的不同意义。这点在日本特别重要，因为不平等的权力关系影响你可以自我主张的程度；以青木和冈本的话来说，就是，在日语中，“封建制度依然稳固存在”。书中有一章专门讨论如何选择适合的“自我主张语态”，举出 19 个不同的情境为例，包括：“当你想不出该怎么说的时候”“当你想采取低姿态的时候”“当你想避免做出承诺的时候”“当你想间接表达有所保留的时候”，还有我最喜欢的：“当你想表示你没死，只是在思考的时候。”

所有语言中都有社交取向的语言（以维系关系为优先）和资讯取向的语言（以完成任务或传达信息为优先）。以下这段对话，是我某个星期一在附近的肉店跟友善的老板闲聊，而前一个星期六我买了大量的肉准备烤肉：

我　　　　：早，丹尼斯。

[1] Marguerite Wells 与作者的私人通信，2004 年 3 月 20 日。

[2] 青木（Aoki）& 冈本（Okamoto）（1998：218）有大量清楚的说明。

肉店老板（1）：嗨，露丝。星期六的雨有没有扫你们烤肉的兴？

我　　　　　：其实没有，很奇迹的，雨一直等到客人都走了之后才下。

肉店老板（2）：那很好啊！

（3）：好，今天想买些什么？

当然，我们很难知道丹尼斯这么友善是因为他喜欢人，还是因为他琢磨出友善的态度有助生意。但这点在此并不重要。这段对话中，他的第一句话就是社交取向的语言，第二句也是，直到第三句才转为资讯取向。

日语难倒来自其他语言（如英语）背景的人，就在于社交取向的语言。日语中的社交取向语言有两组副分类，每一组又各有三个层级。第一组副分类叫敬语，针对的是你正在交谈的对方，也就是“受话者”（addressee）；这个副分类又分为非正式、半正式和正式三个层级。第二组副分类叫“敬语”，针对你正在谈论的人，称为“指称对象”（referent）；这个副分类也有三个层级：谦逊的、中性的和尊敬的。对于日语如此复杂的分类，我们在此不须进一步详谈。显然，一个如此煞费苦心将各种公认的仪式加以编码规定的文化，一定会重视、维护这些仪式。日本人保护礼貌的方式，就是让无礼成为禁忌。如此一来，这套规则不论要遵守或打破都变得十分复杂。

我们或许可以主张，日语文法非常有效率地包含辱骂的潜能，使得类似英语的咒骂词——不管是单独成立或加在句中——变得其实多此一举。就以日语的“你”这个代名词为例。首先，先来复习一下我们对英语中的“你”有何了解。不管工会规定如何，英语的“你”工作超时、身兼数职，它负责的种种功能在其他语言会分为好几个不同字词。我们的“你”可以当单数也可以当复数，可以是小孩或动物，可以是受到高度尊崇或畏惧的人，可以是任何人（比方这句指示：“你依照图示拿起钻子。”）。当然，人们了解话中说的是哪个“你”，大多靠脉络推论，若不确定，便会寻求确认（你是指我一个人，还是指我们这里所有人?）。如果人们感觉需要一个明显的复数，某些言谈社群就会创造出新字，例如“你等”（youse）、“你们”（y'all）、“你们全部”（yezall）。

至于日语，“你”的词汇分类是如此精细，甚至只消加以操弄运用，就可以达成辱骂目的，而丝毫不需要说出任何像**干**这么粗俗的字。我们必须记住，在日本社会中，“鲜少有人被视为完全平等”[1]。理所当然，父亲、丈夫、老板和教师以高姿态分别对孩子、妻子（出门在外的情况）、职员和学生讲话。与其他人互动时，你对对方阶级是高于或低于你的评估，就编码存在于你所选择的语言中。

这解释了日本人何以如此重视名片和介绍信，好让人们知道

[1] Seward，1968：121.

在社交场合如何对待彼此。出席社交场合时，知道在场的有谁，对日本人来说是件很安心的事；若有客人彼此毫不相识，事前收到对方的身家背景资料也不是新鲜事。在一个相对阶级如此重要的社会，找出一套繁复的前缀敬称系统来运用，是很合逻辑的。操弄运用这套代码，日本人就可以传达辱骂的意思，而不需要实际说出英语意义里的咒骂。比方说，一种普遍的冒犯方式，就是在该用较高阶级时却使用较低阶级的“你”。

让我们想象一个尊敬量表，用以衡量日文中可供选择的“你”的形式，以十分表示阶级超高、具有神祇般地位或权力的人。二或三分的是おまえ，用来指小孩和狗和其他地位低的类似对象[1]。五或六分的**君**（きみ）用来指下属、年纪较轻的朋友、女友（但不用于男友），有时也用于小孩。七到九分的あなた用于成年同侪、顾客，或不知其名的成年人[2]。九到十分的**样**（さま）是后缀，加在人名后或者比方“客人”一词后，变成类似“尊敬的客人”之意。若不用人名，就要加上前缀敬称お。因此お**客样**（おきゃくさま）约略等于“哦如此可敬的客人”。英语中最接近这种口吻的或许是银行、保险公司或其他企业寄来的广告信，写给“深受重视的亲爱客户”。

教师特别受尊敬，在其姓氏后加上**先生**（せんせい，有学识的智者）。此词也用在医师的姓氏后。称呼教授用**教授**（きょうじ

1　此字亦用在亲密关系中男对女的称呼，如丈夫对妻子、男友对女友。

2　亦用于妻子称呼丈夫。

ゆ)，称呼警员用おもわりさん——如果你想拜托他高抬贵手不开罚单的话。若你称呼警员おまえ，后果就得自负——你不但会被开罚单，车子还会被搜。

此外，有一个深具辱骂意味的“你”是きさま，在尊敬量表上的分数大概是负十。此词完全是骂人话，差不多等于“你这干他妈的屁眼”。奇特的是，或者说反讽的是，这个冒犯性的“你”却包含了高度尊敬的后缀さま[1]。也许这个词的组成可以约略翻译为“您，可敬的先生，是个干他妈的屁眼”。一名资料提供者告诉我：“‘你’的形式有许多可用的文法选择，足以取代许多咒骂。这就是日本人想天杀的无礼时常用的做法。”[1]

日语还有特殊的说话方式，使辱骂之意几乎跟句义无关。あなたね**最低**な**男**だよね这个语句，意思是“你这人真卑鄙!”，或者，由于其语气极度正式，可以翻译为“您，先生，是个无耻之徒”。其内在逻辑使这句话具有强大的辱骂攻击力。若要达到最强烈的效果，就得使用我的资料提供者之一所谓的“来自地狱的声音”：冰冷、平板、直接，逼得对方毫无退路，就算是不共戴天的仇人你也不会想这样对待他（又或者你也许会想)。

英语中类似的语气效果，或许是成天臭着脸的青少年所嘀咕的“随便啦”。仅仅三个音节，却包含了无比不屑。日文那句话比

1　同样讽刺的是，这个词的汉字写法看起来也十分尊敬：“贵样”。(前文提到上对下使用的おまえ，汉字则可写作“御前”。)

[1] NF与作者的私人通信，2004年3月。

较温和的版本，可以透过语调的抑扬顿挫达成，让对方有个退路。被辱骂的对象有几种选择。他们可以勃然大怒，但不回应那句侮辱，知道那句话的爆发只是一时激动，若报以极端的回应，反而可能火上加油。这又是另一个例子，显示语言内部逻辑让日本人可以咒骂，却不是用英语的方式咒骂。

有一种工作会让你时时提心吊胆，还可能让你迅速惹上麻烦，那就是同步口译[1]。碰到传达文化态度或个人感受、但不能照字面意思直译的语句，译者就必须特别用心留意。译者必须传达咒骂词或怠慢之言的意图和语调，但自己不能被“感染”。同样的，翻译笑话时，译者需要一层“滤网”，将幽默有趣之处传达给听者，自己却不能一起笑倒。

先前谈过，不同文化的语言，表达视觉经验——英语所谓的“颜色”——的方式也不同。同样的，在表达负面情绪方面（这或许是人之所以咒骂最有力的理由），不同语言也有不同的编码方式。我们要避免犯下先入为主的错误，分析跨文化咒骂时不要加进自己已在别处预先形成的概念。换言之，不能用英语的眼睛去看日语。否则，我们很可能会觉得日语的咒骂词汇很贫乏。

至于据称同样不会或鲜少咒骂的爱斯基摩人、北美印第安人和波利尼西亚人，在我有机会探讨他们的语言之前，我仍固守原来的立场，认为个中其实是有放诸四海皆准的原则，再加上各地

---

〔1〕 Elsa-Maria MICHAEL 在欧洲议会，http：//www. aiic. net/ViewPage. cfm/page1102. htm。

不同的特色。但，嘿，我很愿意做这项研究——为期六个月、费用全包的假期，在南太平洋岛屿进行第一手的语言学田野调查，或许是很合逻辑的第一步。我得跟出版社好好谈谈。

后记

他妈的那些大规模毁灭武器到底在哪儿？

——乔治·W·布什

“我爱咒骂。”接受我访谈的一名女子这样说。“他妈的誓词！真的能让我表达自己。”“嘿，咒骂对你有好处。”另一人说。“帮你把压力全发泄掉。天杀的压力可是有毒的。”“没人干他妈的可以告诉我该怎么讲话。”第三人凶巴巴地说，词句和语气都在警告我退远一点。

这些可说是街头观点。这是你攻击别人的身份认同时会得到的、反射动作一般的观点，因为中伤别人的说话方式，就等于——也会被理解为——中伤那个人本身。上面举例的三个女子那样说，是刻意表示颠覆；等到安静下来，进行一对一讨论的时候，她们都承认不喜欢自己的小孩说脏话，她们求职面试时、在老板可能听见的地方，或去小孩的学校时也不会咒骂。这种自我审查显示，尽管摆出张牙舞爪的态度，但她们已彻彻底底内化了社会的禁制。

无论如何，站在咒骂这一边的人，传达的并不是上层阶级的观点——象牙塔、CBD里四面都有观景大窗的执行长办公室，或任何会因维持现况获利的人。而且，大致说来，反脏话的阵营已经打了胜仗。一旦既有权力给某种说话风格加上污名，该风格就变成错误示范的榜样[1]。各方面证据显示，这种做法跟语言的“品质”或“纯度”或“优雅”没有什么关系，重点在于握有权力，让你自己的风格变成官方批准的风格。

换言之，势利眼或阶级歧视显示在语言上。这种态度渗透到中产阶级，而此一阶级投注大量心力加以维持，因为他们接受了（也是彻彻底底）上层传下来的信息，认为“粗俗”语言是不合标准的，也因为中产阶级的他们永远力争上游。其企图心有很大一部分来自于畏惧，深怕被视为粗鲁无文的一般大众。

关于脏话，存在若干迷思，其中充斥着对语言的严重无知，这种无知使人们容易接受没有根据的偏见，尤其是跟身份认同与感受认知有关的、勾动他们深层需要和愿望的偏见。人们大多对语言保持着言语卫生专家的态度，视之为好或坏、道德或不道

[1] Trudgill（1975）.

德——有点像饮食失调病患对食物的分类法[1]。是同一股力量驱使人留意遵守文法细节，也驱使人视咒骂为问题，就像精致花园里的杂草，一桶鲜美苹果中烂掉的那一个。

而且，迷思会持续下去。对咒骂做了大量研究、写了两本相关书籍之后，明言要改变沟通科学对咒骂的看法的提摩西·杰做出相当沮丧的结论，认为他的努力不太可能对人们的想法造成影响。部分是因为人们喜欢相信自己喜欢相信的东西，不管有多少相反的证据；此外，部分也因为“审查体制”——杰用此词指组织化的宗教、媒体、法律、政府、教育当局、家庭、社群——施加各种审查功能，助长人们的无知[2]。换言之，即是经过编排、设计的错误信息——乔姆斯基（Noam Chomsky）所谓的“制造共识”（manufacture of consent）也就是这个意思[3]。你可能会认为这种审查做法是有系统、有方法、有计划的，或者是随机、紊乱、有机的，端视你是否倾向相信阴谋论。无论如何，结果都是迷思持续下去。

而这些关于咒骂的迷思是什么？要了解这些迷思，我们或可视之为衍生自三种视角的关于咒骂的观念[4]。这三种视角本身并

[1] Cameron（1995b）.

[2] Jay，1999：266.

[3] Herman & Chomsky（1995）。此词原由美国记者 Walter Lippmann 所创，他在 1921 年说过：“民主的艺术需要……制造共识。”http：//www. zpub. com/un/chomsky. html.

[4] Jay（1999）.

非分离、个别的，而是一致的，可以并存，不过抱持这些观念的人通常比较偏向其中一个角度。

第一种角度以毫不情绪化的态度看待咒骂，认为它并不重要。可以说是捕风捉影[1]、大惊小怪。就这些人看来——其中包括史蒂芬·平克——咒骂并不真的是“语言”，反而比较像黑猩猩的手势，也许该称之为“超语言”（extralingual），总之没有什么意义。下次你家青少年骂你**干他的蠢材**时，记住这点就是了（反讽的是，对你家青少年的言语辱骂置之不理而非火上加油，可能正是最明智的行动方针，但那跟咒骂是否可以归类为语言毫不相干）。

第二种角度采取审查态度，这些人就激动得多，认为咒骂是我们在**智人**历史此一时期的生活所产生的一种作用。这种观点是谴责的（咒骂是坏事）、担忧的（情况愈来愈糟）、目标集中的（情况最严重的是青少年）、保护性的（幼童应该受到保护），但基本上仍然心怀希望（这情况还有药可救）。这种态度，部分交织着对据称比较温和、比较美好的往昔世界的怀旧之情。我们无法以实证检验这套理论，因为关于那据称安宁又美好的往日，资料非常缺乏。然而，提摩西·杰建议那些认为咒骂是现代疾疫的人“想象一下当时的对话模式……在 18 世纪 00 年代的妓院，在美国西部的酒吧，在澳洲的内陆荒野”[1]。还有很多其他地方或许也可包括在内。

1　原文 Much ado about nothing，是莎士比亚一部剧作名。

[1] Jay，1999：258.

前文谈过，如果你选择把咒骂赶出人生，有很多自助书籍、课程和咨商服务可以帮你管住舌头，克服恶习。这种方式把咒骂视为跟抽烟差不多的恶习，因此，如果不久后我们看到类似戒烟口香糖（也许他们会建议以嚼口香糖的方式使嘴巴无暇咒骂?）或戒烟贴片（也许拿普通胶布贴住嘴巴这个紧要部位会有帮助?）的产品上市，或许也不必太惊讶。

第三种角度纯粹是语言势利眼。这正是受过良好教育、家境富裕的人，看待教育程度较低、经济条件较差的人的语言的态度。事实上，所有文化都有各种语域和风格，各有其不同目的；只是由于文化中的权力分配因素，让有钱有势的人可以给自己的语言贴上“标准”或“正常”或“中性”标签，而没钱的人的语言就是“不合标准”——充满各种毛病与缺陷。这跟族裔中心主义没什么不同，一个民族将自身文化视为常规，其他不一样的文化都是异国风味或怪异的。

再说一遍彼得·楚吉尔的明智之语：如果你不喜欢某人的口音，那是因为你不喜欢那人的价值观[1]。“ain't”（am not）和“youse”（第二人称复数）这些形式并没有天生的缺陷或问题——事实上，基于语言学理由，还可以大力主张把“youse”加进英语，好让大家都能享用。但这样当然也不会有帮助——毕竟，这些不受尊敬的形式之所以被看轻，是因为那些最可能使用它们的

[1] Trudgill（1975）.

人也被看轻，更加强了“我们这种人”和“他们那种人”的分别。

与这种语言势利眼态度一致的，还有另几个相关偏见，认为咒骂者缺乏自制力，言语贫乏，懒到不行。首先谈缺乏自制力。这种对咒骂者的看法相当异想天开，认为咒骂是自动的、非随意的，类似眨眼或呕吐（两者不一定同时发生）。他们建议的解决之道是纪律，也就是肢体暴力的委婉说法。似乎没人想过要问：“纪律”怎么能阻止被视为不随意的行为？你试过在需要呕吐的时候强忍住吗？

语言势利眼的第二种偏见是，咒骂者缺乏足够的字词（也许可说是词汇贫乏，搭配他们的贫困住区），而且生性懒惰（艾因·兰德［Ayn Rand］会说：毕竟，如果他们够勤奋、有效率、有企图心，就不会住在贫困区了）。奥斯卡·王尔德（Oscar Wilde）曾以他典型的势利调调说：“情绪字眼是半文盲的避风港。”

但这种轻视观点来自一套非常站不住脚的语言生产模型[1]，其内容如下：说者使用咒骂词的原因有两种，要不就是心智太懒散，不肯在脑海里翻寻适当字词，要不就是词汇太贫乏，根本没有适当字词可用，所以就算翻寻也是徒劳无功。提摩西·杰指出这套模型的荒谬之处，要我们想象一个人想说：“今天消费者物价指数下降了。”然而，由于字汇贫乏或懒惰，这人只能说出：“今天干他妈的下降了。”事实上，没有适当字词可用的人可以（也的

［1］Jay，1999：259.

确会）用各种其他方式来传达这一点，例如迟疑（呃、啊）、填空（你知道）、重复（那栋建筑……那栋建筑）、重新造词（举办展览的那个地方），或者含糊以对（那玩意儿）。不然他们也可以搔搔头，承认想不出正确的词，再不然还可以请求对方协助（那种东西叫什么?）。然而人们随机咒骂并不是因为想不出适当的词。他们可能会说类似“今天干他妈的消费者物价指数下降了”，但那是完全不同的另一回事。

我想，这种观点的错误在于把语言视为单一、不变、逻辑而固定的。也许有些人希望语言是这样，如果确实如此，也无可厚非，我们都有自己的愿望。但现实情况是，语言比较不像大教堂，而像满地蔓生的植物。同时，语言有大量变化，受规则规范（但不见得合逻辑），有弹性，会更动。字词会有各种更动，增加新的微妙差别，重新排列组合，多出新的外延意义。没有字词能免疫于这些趋势和影响，就连最脏的字词也不例外。

一网打尽、一以贯之的规则实在没什么用。据报道，一位姑隐其名的“悉尼上流社会重要人士”说：“最能显示一个人斤两的，莫过于不了解咒骂的精髓。”[1]她接着说明，偶尔在紧要关头选择使用一个咒骂词，可以强调重点或增加刺激或传达情绪，但不用大脑的一再愚蠢重复咒骂就是另一回事，显示那人神经大条，或者根本就是社交文盲。

---

[1] *The Sunday Telegraph*，2002年5月5日，页21。

咒骂词呼应社会的禁忌。“上帝”“耶稣”“玛利亚”和“圣母”很长一段时间曾是咒骂词，因为它们打破了不可妄称上主之名的戒令。**地狱**和**该死**也维持了很久，这一点本身就显示基督教会的影响力有多大、又延续了多久。封建制度崩塌，政教合一的统治不再之后，接下来是一个无信仰的新时代，“上帝”和“地狱”和许多宗教相关字词逐渐过气，因此也失去禁忌的力量。我们这些生活在批判性的俗世多元后现代社会的人会说：这样才好！这年头，这批字词里最具冒犯性的八成是**该死**，但它本身也不至于会太让教士吹胡子瞪眼[1]。

然而——我相信大家都因此松了口气——人们不需要在倾塌的教堂废墟中翻找太久，因为性和生理功能及其产物一下子跳到队伍最前面，很快就变成禁忌上选——或可称为**今日特选**禁忌，只不过这个**今日**持续了好几世纪。一眨眼的工夫，维多利亚女王即位了，维多利亚时代来临。这个充满假道学、伪君子、拘谨刻板的年代为禁忌火上加油，产生大量委婉语，让人可以绕过地雷，但仍然传达出想讲的意思。

前文谈过，只要禁忌仍有效力，就不会过气。1887 年，吉伯特（Gilbert）与苏利文（Sullivan）不得不把歌剧作品的名称从 Ruddygore 改成 Ruddigore，因为就连**天杀的**（bloody）的委婉语

---

[1] http：//expage. com/4letterwords1.

都足以造成群情激愤[1]。近三十年后，萧伯纳（Bernard Shaw）笔下的伊莱莎（Eliza）抛出一句“天杀的不太可能”，公众再度为之哗然。然后世界大战爆发了，我们也讨论过，战争非常有利于散播咒骂词。及至 1941 年，一份英国报纸登出原封不动的**天杀的**一词（而非通常的“b ---- y”），也许是因为它出现在诗句里：“我真厌恶那天杀的匈奴。”[2]无论如何，到 20 世纪后半叶开始之际，情势已经相当清楚：大众对咒骂的歇斯底里反应，无法比两次非常真实的世界大战的真实经验持续得更久。

接下来几十年，性逐渐滑下禁忌的高台，不是因为**干**之类的字词曝光过度，而是因为关于童贞、性、罪恶的老旧观念已经日薄西山。新千禧年开始之际，大家一般都同意今日的**干**已经远不如二十年前。因此我们再度开始寻找新禁忌。而这一点也再度不成问题。

“新”禁忌是针对个人做出“某某歧视”的恶意攻讦——尤其是关于种族、族裔、宗教、性与性取向，和残疾歧视。这番转变的一个绝佳例子，是希拉里·克林顿（Hillary Clinton）据称（可能是谣传）曾骂某人为“犹太王八蛋”。换作五十年前，激起愤慨的会是**王八蛋**一词的性暗示；如今的重点则在“犹太”。事实上，许多非犹太人都不太敢用“犹太”（Jew）一词，怕造成冒犯，比

[1] Crystal，2003：173.（译按：参见《私酒与星号》一章，ruddy 是 bloody 的委婉语之一。）

[2] Crystal，2003：173.

较喜欢用“犹太人”（Jewish），想来是因为后缀的“-ish”使“犹太”据称听来没那么刺耳。至于犹太人本身，有些觉得“犹太”没问题，有些比较喜欢“-ish”，有些认为“-ish”事实上指的是较不虔诚信教、偏向俗世文化的，有些则喜欢“-ish”的冲淡效果。

重点在于人们对这个词有所担忧，而这份担忧显示了一股焦虑伏流，焦虑于我们使用的词会对他人造成何种冲击，包括他人对我们的观感。希拉里·克林顿这件事绝非特例，南非运动界也发生过类似事件[1]。跃羚队[1]教练据称曾多次以南非荷兰语骂人为“fokken kaffirs”。要知道，“kaffir”在南非被称为“k 开头的字”，而在这句话的**干他妈的**[2]和“kaffir”两个词中，造成冒犯的毫无疑问是“k 开头的字”。

澳洲（但不只澳洲）有不少事件，都涉及咒骂被视为违规的行为。媒体愈来愈注意这些事件，不是因为那些咒骂词，而是因为其所招致的法律反应不一。使用冒犯语言的控诉是驳回还是成立，全靠司法官[3]的自由心证——或一时兴起。2002 年 9 月，一名男子被控使用冒犯语言，叫警察“干他妈滚开”；悉尼一名司法官驳回此案，理由是被告当时的语气并不具冒犯性。这篇新闻[2]的

[1] Hughes，1998：277.

1 南非橄榄球国家代表队的昵称。

2 显然南非荷兰语的 fokken 等于英文的 fucking；kaffir 则是对黑人的辱称。换言之，这个词约等于英文的“fucking nigger”。

3 magistrate，指澳洲各省及联邦初级法院的法官。

[2]《悉尼晨报》，2002 年 9 月 6 日，无署名。

标题是："把'f'放回友善之中。"[1]之后，另一名年轻男子也被控告，因为警察问他在做什么，他说他"只是干他妈的要回家"，而同一位司法官却接受此案罪名成立。这一则新闻的标题则是："也许差别全在于'的'"[1]。

然而，大众媒体寄予最多膻色腥吸引力的领域，是咒骂与运动的交叉处，不时有咒骂事件闯入公众场域。一个例子是 2003 年 1 月，澳洲与斯里兰卡举行一连串一日板球赛，澳洲板球选手达伦·黎曼（Darren Lehmann）被人听到说了一句恶名昭彰的"黑屄"。让黎曼难看的并不是这句话的性意味，而是种族攻讦。如今毫无疑问，"种族和族裔的咒骂词已经变成今日的真正猥亵字眼"[2]，此一观点将"黑屄"与"犹太王八蛋"和"fokken kaffirs"放在同一类别。而根据 O·J·辛普森案的助理地方检察官克里斯多夫·达登（Christopher Darden）的说法，"黑鬼"（nigger）"是英语中最脏、最污秽、最恶劣的词，绝不该出现在法庭上"[3]。杜林以下这段话说得很有道理："有好几个世纪的时间，'干'曾是英语中最惹人非议的字，但现在此一头衔八成是'黑鬼'和'屄'不相上下，而'干'则已经下台。仇恨终于比性更危险了。"[4]

1　友善（friendly）一词亦为 f 开头。

[1]《悉尼晨报》，2002 年 11 月 14 日，无署名。

[2] Burridge，2001：2.

[3] Dooling，1996：18.

[4] Dooling，1996：18.

当然，这一切都没什么新鲜的。我们别不切实际地忘记，罗马人如何在押解耶稣前往十字架的路上凌虐他，或者西班牙宗教审判官如何在 1462 年将犹太人驱出国境，或者前南斯拉夫如何烧杀掳掠进行种族清洗。相对而言比较新鲜的（至少在西方英语世界），是把攻讦个人的语言视为禁忌。《麦克瑞辞典》的苏・巴特勒说过（在第七频道中断她的访谈之前）："今日的禁忌全在于你给别人贴什么标签。因此**'你是个……'**这种句子基本上已经不可以用了，就算（你说的只是）**'你是个笨头'**，因为这样就是把它跟其他显然失礼的词放在同样的脉络。"

修斯认为，禁忌之所以转向歧视性的语言（种族歧视、性别歧视、残疾歧视等等），是民族主义、重商主义扩展、帝国较劲和军事征服的产物，上述因素使不同民族之间的接触多半充满征战与敌意。顺着此一关联，他进一步指出，现代最强烈的咒骂，跟例如维多利亚时代相比，是关乎团体身份认同而非个人道德。不以涉及个人选择的行动（例如性活动）、而改用并非个人能控制的因素（例如肤色）来骂人，是更为残忍的做法。

罗伯・德赛谈及委婉语时曾说，任何涉及种族的讨论"都会让我们忙着找掩护，连维多利亚时代的人看了都会吃惊"[1]。这是个棘手话题。非犹太人用起"犹太"一词小心翼翼，怕造成冒犯。"族裔"（ethnic）被大用特用，用来正当化盎格鲁-萨克逊-克尔特

[1] Dessaix 于 Radio National 的 *Lingua Franca*，2004 年 7 月，"On the Euphemism"，http：//www. abc. net. au/rn/arts/ling/stories/s1154069. htm。

之外的其他文化。为了找一个词指称原住民，殖民者及其后裔大感狼狈。一条基本通则是，采用那些被指称的人自己偏好使用的词，例如“澳洲本土住民”（indigenous Australians）。加拿大用“原初国族”（First Nation），美国用“美国原住民”（Native American）。“native”一字作为名词，不管有没有大写，都绝对不可用以指称原住民或其后代[1]。打破这些规则——不管有意还是无心——是今日最大的禁忌。

在提高大众对辱骂攻讦本质的认识上，20 世纪 80 年代极为活跃的所谓政治正确（PC）运动起了重要作用。所谓的 PC 人倡议公众语言使用更中性的词句[1]，例如以“humanity”而非“mankind”代表全人类[2]。此处依照黛博拉·卡麦容（Deborah Cameron）的用法说“所谓”PC 人，是因为这些推动中性语言的人自己并不用“PC”一词形容他们的意识形态或行动。这个词是美国保守右派用来**描述**他们的（而且不幸就此摆脱不去），且已遭到负面意涵污染，反而常被用来攻击（“你实在太 PC 了”），或者撇清（“我并不 PC，但……”），或者反讽或玩笑。

重点在于“PC”这个标签大为成功，使其所指称的运动名誉扫地。后来又出现若干同义词，如同样敌意的“思想警察”和“妇解纳粹”。杜林对这一切的看法是：“政治正确的中心吊诡在

1　该字用作名词时约略等同于中文的“土著”之意。

[1] Cameron（1995b）.

2　因为 mankind 来自 man（男人）一字。

于，它要求所有事物都多元化，但就是不包括思想多元。”[1]

PC此词的一大反讽在于，它在词汇的自由市场大获成功，反而使PC人的批评者（右派和左派都有）提出的论点显得自打嘴巴。右派指控所谓的PC人滥用语言，但他们使用PC一词表示轻视，也等于做了同样的事。左派指控所谓的PC人在鸡毛蒜皮的语言议题上浪费时间，忽略了真正需要关注的议题，但他们始终没注意到，语言议题——如“PC”的大获成功所显示的——对公众意识有很大的影响，绝非鸡毛蒜皮[2]。

讥嘲的口吻始终存在，就像罗伯·修斯（Robert Hughes）问道，改称“肢体残障”是否可以“治好跛子的残障，或者改善他们的心情”[3]。杜林的批判更为严厉[4]，他写道，人们自以为可以：

> 用小小的字词手术治愈古老的仇恨，切除冒犯字词和潜伏其后的仇恨思想。也许我们应该去掉波士尼亚所有辞典里的宗教谩骂和种族骂词，看看内战会不会因此结束。

此外同样不利的是，PC很快就跟自负古板、自以为是的道德

[1] Dooling，1996：167.
[2] Cameron（1995a).
[3] R. Hughes（1993).
[4] Dooling，1996：18.

态度扯上关系，而不是自由主义的运动，唤醒人们注意习惯成自然、体制化的大量偏见和歧视。反 PC 者以幽默方式发动讥嘲攻势，成效斐然，其做法包括把所谓 PC 的原则推到合逻辑但荒谬的极端——比方建议保罗·纽曼（Paul Newman）把他的姓氏从 Newman 改成 Newperson[1]。

此外也不幸发生了一些充满喜剧性的事件，使所谓的 PC 变成可笑的嘲弄标靶。如 20 世纪 90 年代初期，加州一家已将所谓 PC 语言政策电脑自动化的报社，不小心登出了“使麻州重回非裔美国人的计划”这个句子。之后刊登的更正启事告诉读者，原先的句子应是“重回黑字”[2]。这事件充满反讽意味，尤其关于“黑”字的这种特殊用法。英语中的“黑”字充满负面联想（例如 black-and-blue［乌青、鼻青脸肿、遍体鳞伤］、blackmail［勒索］、black-box［黑箱作业］、Black Death［黑死病］、black money［黑钱］、black hole［黑洞］）[1]，但反讽的是，“黑字”却比“赤字”好。

所谓的 PC 运动生产了另一套词汇，用来取代原先被视为政治不正确的字词。其重点在于避免本身就具有评判意味，或累积

1　这是嘲笑所谓 PC 人推动把一些字义偏向男性的词如 chairman（主席）改为不分性别的 chairperson。

2　“重回非裔美国人”的原文是 back in the African-American，“重回黑字”则是 back in the black，指摆脱赤字恢复收支平衡。但该报社的电脑程式显然把 black（可作“黑人”解）一字全改成了 African-American。

［1］Cameron（1995b）；Wajnryb（2002）.

了社会污名的词，偏好以“人造的多音节抽象字词加以取代”[1]。“药瘾”变成“物质依赖”；“瞎”变成“视障”；“聋”变成“听障”；“性工作者”取代了“妓女”。这股趋势中唯一的例外，是“死掉的白种欧洲男性”（Dead White European Males）一词广为使用，其情绪化的偏见语言明目张胆地打破了 PC 的规则，唱反调地显示出其中的双重标准。

尽管招致批评，但所谓 PC 运动仍造成了深远影响。也许没有影响人们的想法，但确实影响了人们在公共场合的发言，而且这份影响力如今依然持续，尽管饱受鄙夷。日前媒体报道，国际间打算禁止听障者的手语使用某些手势，确切说来是代表犹太、亚洲人、男同志和残障人士的手势，例如比画出鹰钩鼻（犹太）、无力的手腕（男同志）、斜眼（中国人）、指向额头的一个点（印度人）等等。相关人士提议的替代方案，是较不具冒犯性的手势（例如比个三角形代表印度次大陆）。相当反讽的是，这番主流辩论激起许多聋人团体不满，其发言人否认现存的手势“蓄意冒犯”。他们解释，手语基本上以视觉为主，要避免冒犯很容易，只消拼出该字即可；最后，他们坚称听人世界没有权力把自己的观点强加在聋人身上。我则纳闷“聋”的手势怎么比。

就算不太深入蹚进包围着所谓 PC 运动的情绪化浑水，有一点颇为确定的是，PC 运动及其相关的知名度和争议，确实提高了

[1] Hughes，1998：276.

大众的意识，使人们注意到充满负面意涵的冒犯字词。这些字词中的贬意，以前只有女性和少数族群才体认得到，他们由自身真实的经验得知，用来描述他们的语言仍持续对他们的艰苦处境造成相当影响。这种意识的增长，导致骂某人为某个（随便什么东西）的禁忌出现。

于是，恶意攻讦的语言已经上台，取代了与性相关的猥亵字眼的位置，但当然，一如我们讨论过的南非例子（fokken kaffirs）和澳洲板球例子（黑屄）所显示的，没有法律禁止你来个一石两鸟。至少目前还没有。

参考书目

[1] Abd el-Jawad, H. (2000), 'A linguistic and sociopragmatic and cultural study of swearing in Arabic', *Language Culture and Curriculum*, vol. 13, no. 2, 217 - 40

[2] Allan, K. and Burridge, K. (1991), *Euphemism and Dysphemism: Language Used as Shield and Weapon*, Oxford University Press: New York

—— (1992), ' "Raising gooseflesh". "Dirty" words and language change', *La Trobe University Working Papers in Linguistics 5*, 31 - 43

[3] Andersson, L.-G. and Trudgill, P. (1990), *Bad Language*, Penguin Books: London

[4] Aoki, H. and Okamoto, S. (1988), *Rules for Conversational Rituals in Japanese*, Taishukan Publishing Company: Tokyo

[5] Arango, A. C. (1989), *Dirty Words: Psychoanalytic Insights*, Jason Aronson: New Jersey

[6] Ardo, Z. (2001), 'Emotions, taboos and profane language', *Translation*

Journal, vol. 5, no. 2, April 2001, http://accurapid.com/journal/16review.htm

[7] Ashby, J. (2003), 'Does "*baka* explosion" indicate identity crisis being in Japan?', *The Japan Times*, 9 October 2003

[8] Ayto, John (1999), *Twentieth Century Words*, Oxford University Press: Oxford

[9] Bernstein, B. (1970), 'A socio-linguistic approach to socialisation', in J. Gumperz and D. Hymes (eds), *Directions in Socio-Linguistics*, Holt, Rinehart & Winston: New York

[10] Bragg, M. (2003), *The Adventure of English 500 AD to 2000: The Biography of a Language*, Hodder & Stoughton: London

[11] Brown, P. (1990), 'How and why women are more polite: Some evidence from a Mayan community', in J. Coates (ed), *Language and Gender: A Reader*, Oxford: Blackwell, pp. 81-99

[12] Brown, P and Levinson, S. (1978), 'Universals in language usage: Politeness phenomena', in E. Goody (ed.), *Questions and Politeness: Strategies in Social Interaction*, Cambridge University Press: Cambridge

[13] Bryson, B. (1990), *Mother Tongue*, Penguin: London

[14] Burridge, K. (2001), 'Ma's out, Pa's out. Let's talk rude: Pee-poo-bellybum-drawers', *Ozwords*, vol. 7, no. 2, http://www.anu.edu.au/ANDC/ozwords

—— (2002), *Blooming English: Observations on the Roots, Cultivation and Hybrids of the English Language*, ABC Books: Sydney

[15] Cagle, J. (2002), 'About Tom', *TIME* Magazine, 1 July

[16] Cameron, D. (1995a), 'Words, words, words: The power of language', in S. Dunant (ed.), *The War of the Words: The Political Correctness Debate*, Virago:

London, pp. 15 - 34

—— (1995b), *Verbal Hygiene*, Routledge: New York

[17] Chaikin, E. (1982), *Language: The Social Mirror*, Rowley, MA: Newbury House

[18] Claire, E. (1983), *A Foreign Student's Guide to Dangerous English*, Eardley Publications: New Jersey

[19] Coates, J. (1990), *Women, Men and Language: A Sociolinguistic Account of Sex Differences in Language*, London: Longman

[20] Coates, J. (ed.) (1998 [1990]), *Language and Gender. A Reader*, Black-well: Oxford

[21] *Collins Australia Dictionary* (2003) (5th edn), HarperCollins: Glasgow/Sydney

[22] Conway, A. (1994), 'You're ugly, your dick is small and everybody fucks your mother. The stand-up comedian's response to the heckler', *Maledicta: The International Journal of Verbal Aggression*, vol. 11

[23] Cornay, M. (1986), 'Naming sexual body parts: Preliminary patterns and implications', *The Journal of Sex Research* 22 (3) 393 - 8

[24] Crawley, T. (ed.) (1991), *The Wordsworth Dictionary of Film Quotations*, Wordsworth Editions: Hertfordshire

[25] Crystal, D. (1987, 2nd edn 2003), *The Cambridge Encyclopedia of Language*, Cambridge University Press: Cambridge

[26] Defoe, D. (1966), 'Of academics', in W. F. Bolton (ed.), *The English Language: Essays by English and American Men of Letters 1490 - 1939*, Cambridge: Cambridge University Press, pp. 91 - 101

[27] de Klerk, V. (1992), 'How taboo are taboo words for girls?', *Language in*

Society 21, 277 – 89

[28] Delaney, S. (1974), 'Womanliners in The Man of Law's Tale', *Chaucer Review* 9, 1: 68

[29] Dooling, R. (1996), *Blue Streak: Swearing, Free Speech and Sexual Harassment*, Random House: New York

[30] Douglas, M. (1966), *Purity and Danger: An Analysis of the Concepts of Pollution and Taboo*, Routledge & Kegan Paul: London

—— (1973), *Natural Symbols: Explorations in Cosmology*, Barry and Jenkins Ltd: London

[31] Dunant, S. (ed.) (1995), *The War of the Words: The Political Correctness Debate*, Virago: London

[32] Eble, C. (1996), *Slang and Sociability: In-group Language among College Students*, The University of North Carolina Press: Chapel Hill

[33] Eckert, P. and McConnell-Ginet, S. (2003), *Language and Gender*, Cambridge University Press: Cambridge

[34] *Encyclopaedia Judaica* (1972), *Volume 6*, Keter Publishing House: Jerusalem

[35] Erofeyev, V. (2003), 'Letter from Moscow. Dirty words *The New Yorker*, 15 September, 42 – 8

[36] Foote, R. and Woodward, J. (1973), 'A preliminary investigation of obscene language', *The Journal of Psychology* 83, 263 – 75

[37] Gaines, Irvin J. (1948), 'Talking under water: Speech in submarines', *American Speech 23*, 1, 36 – 8

[38] Gilliland, C. Herbert (1980), 'United States naval slang: "*shitcan*"', *American Speech* 55, 2, 1534

[39] Goddard, C. (1989), 'Issues in natural semantic metalanguage', *Quaderni Di Semantica* 10, 1: 5 - 64

—— (1991), 'Anger in the Western Desert: A case study in the cross-cultural semantics of emotion', *Man* (n. s.) 26, 2: 265 - 79

[40] Goffman, E. (1981), *Forms of Talk*, Basil Blackwell: Oxford

[41] Gray, P. (1993), 'Oaths and Laughter and Indecent Speech', *Language & Communication*, vol. 13, no. 4, 311 - 25

[42] Greer, G. (1971), *The Female Eunuch*, London: Paladin

—— (1999), *The Whole Woman*, London: Doubleday

[43] Gritten, D. (2002), *Fame: Stripping Celebrity Bare*, Allen Lane: London

[44] Hadida, 5. (1959), *Manners for Millions: A Complete Guide to Courteous Behavior*, Barnes and Noble: New York

[45] Herman, E. S. and Chomsky, N. (1995), *Manufacturing Consent: The Political Economy of the Mass Media*, Vintage: London

[46] Hill, D. (1992), 'Imprecatory interjectional expressions: Examples from Australian English', *Journal of Pragmatics* 18, 209 - 23

[47] Holmes, J., Stubbe, M., Vine, B. and Mara, M. (1996), 'Language in the workplace', Research project, Victoria University, Wellington, New Zealand

[48] Hughes, G. (1988), *Words in Time: A Social History of the English Vocabulary*, Basil Blackwell: Oxford

—— (1998), *Swearing: A Social History of Foul Language, Oaths and Profanity in English*, Penguin: London

[49] Hughes, R. (1993), *Culture of Complaint. The Fraying of America*, Oxford University Press: New York

[50] Hughes-Warrington, M. (2001), *Fifty Key Thinkers on History*, Routledge: London

[51] Humphries, R. (1995), 'American-English taboo words and Japanese learners', *Journal of Humanities*, vol. 18, 25 - 43, Association for the Study of Humanities: Kobe

[52] Inglis Moore, T. (ed.) (1961), *A Book of Australia*, Collins: London

[53] Jay, T. (1992), *Cursing In America: A Psycholinguistic Study of Dirty Language In The Courts, In The Movies, In The Schoolyards And On The Streets*, John Benjamins: Philadelphia

—— (1999), *Why We Curse: A Neuro-Psycho-Social Theory of Speech*, John Benjamins Publishing Co.: Philadelphia/Amsterdam

[54] Kidman, A. (1993), 'How to do things with four-letter words: A study of the semantics of swearing in Australia', unpublished BA Honours thesis, Linguistics, University of New England. Online at http://www.gusworld.com.au/nrc/thesis/intro.htm

[55] Lakoff, R. (1975), *Language and Woman's Place*, Harper & Row: New York

—— (2001), *The Language War*, University of California Press: Berkeley, CA

[56] Lawrence, D. H. (1928, 1960), *Lady Chatterley's Lover*, Penguin: Harmondsworth

[57] *Macquarie Dictionary of Australia Colloquialisms* (1984), The Macquarie Library Pty Ltd: Sydney

[58] *Macquarie Learners' Dictionary* (1999), The Macquarie Library Pty Ltd: Sydney

[59] Manne, R. (ed.) (2003), *Whitewash: On Keith Windshuttle's Fabrication of Aboriginal History*, Black Inc. Agenda: Melbourne

[60] McArthur, T. (1992), *The Oxford Companion to the English Language*, Oxford University Press: Oxford

—— (2002), *The Oxford Guide to World English*, Oxford University Press: Oxford

[61] McConville, B. and Shearlaw, J. (1984), *The Slanguage of Sex. A Dictionary of Modern Sexual Terms*, Macdonald: London

[62] McDonald, J. (1988), *A Dictionary of Obscenity, Taboo and Euphemism*, Sphere Books: London

[63] Mercury, R. (1995), 'Swearing: A "bad" part of language', a good part of language learning; *TESL Canada Journal*, vol. 13, no. 1, Winter, 28 - 36

[64] Montagu, A. (2001), *The Anatomy of Swearing*, University of Pennsylvania Press: Philadelphia

[65] Newey, G. (1999), 'Effing the ineffabLe', *The London Review of Books*, vol. 21, no. 23, 25/11/99, http: //www. lrb. co. uk/v21/n23/newe01 _ html

[66] Nias, J. (1987), *Seeing Anew: Teachers' Theories of Action*, Deakin University Press: Victoria

[67] Partridge, E. (1984), *A Dictionary of Slang and Unconventional English*, 8th edn, edited by Paul Beale, Routledge & Kegan Paul: London

[68] Pearsall, R. (1969), *The Worm on the Bud: The World of Victorian Sexuality*, Weidenfeld & Nicolson: London

[69] Phillips, M. (2002), 'Swearing: The sickness in society', *The Daily Mail*, 27 February

[70] Pinker, S. (1994), *The Language Instinct: The New Science of Language and Mind*, Penguin: London

[71] Planalp, S. (1999), *Communicating Emotion. Social, Moral and Cultural Processes*, Cambridge University Press: Cambridge

[72] Reynolds, H. (2003), '*Terra nullius* reborn', in R. Manne (ed.), *Whitewash: On Keith Windshuttle's Fabrication of Aboriginal History*, Black Inc.: Melbourne

[73] Rieber, R., Wiedemann, C. and D'Amato, J. (1979), 'Obscenity: Its frequency and context of usage as compared in males, nonfeminist females and feminist females', *Journal of Psycholinguistic Research*, vol. 8, no. 3, 201 - 23

[74] Risch, B. (1987), 'Women's derogatory terms for men: That's right, "dirty" words', *Language in Society* 16, 353 - 8

[75] Seligman, M. (1990), *Learned Optimism*, Random House Australia: Sydney

[76] Seward, J. (1968), *Japanese In Action*, Tokyo: John Weatherhill

—— (1992), *The Japanese*, Passport Books: Chicago

[77] Sheidlower, J. (1999), *The F-Word*, Random House: New York

[78] Summers, A. (1977), *Damned Whores and God's Police: The Colonisation of Women in Australia*, Penguin Books: Harmondsworth

[79] Takeshi, Y. (2003), *Baka no Kabe* (trans. as *The Wall of a Fool*), Shincho Shinsho: Tokyo

[80] Taylor, B. A. (1975), 'Towards a structural and lexical analysis of "swearing" and the language of abuse in Australian English', *Linguistics* 16, 4, 17 - 43

[81] Thomson, D. (1935), 'The joking relationship and organised obscenity in Northern Queensland', *American Anthropologist* 37

[82] Thorne, T. (1991), *The Bloomsbury Dictionary of Contemporary Slang*, Bloomsbury Publishing: London

[83] Trudgill, P. (1975), *Accent, Dialect and the School*, Edward Arnold: London

[84] Tyler, M. (1977), 'Why ladies don't swear', paper presented at the 16th meeting of the Southeast Conference on Linguistics, North Carolina

[85] Wajnryb, R. (2002), 'Strong language: The language of racism (*R*) *U?* Magazine, no. 3, 48 - 51

[86] Wierzbicka, A. (1999), *Emotions across Languages and Cultures: Diversity and Universals*, Cambridge University Press: Cambridge

[87] Windshuttle, K. (2002), *The Fabrication of Australian History: Volume One: Van Dieman's Land 1803 - 1947*, Macleay Press: Sydney

图书在版编目(CIP)数据

脏话文化史 /（澳）露丝·韦津利（Ruth Wajnryb）著；严韵译. —上海：文汇出版社，2019.8
书名原文：LANGUAGE MOST FOUL
ISBN 978-7-5496-2904-6

Ⅰ. ①脏…　Ⅱ. ①露…　②严…　Ⅲ. ①俗语—文化史—研究　Ⅳ. ①H034

中国版本图书馆 CIP 数据核字(2019)第 112746 号

LANGUAGE MOST FOUL by Ruth Wajnryb
First Published in 2004 by Allen & Unwin Pty Ltd，Sydney，Australia
Published by arrangement with Allen & Unwin Pty Ltd，Sydney，Australia
through Bardon-Chinese Media Agency

著作权合同登记号：图字 09-2019-455 号

脏话文化史

著　　者 露丝·韦津利
译　　者 严　韵
责任编辑 张　斌
封面装帧 张志全

出版发行 文汇出版社
　　　　 上海市威海路 755 号
　　　　（邮政编码 200041）

经　　销 全国新华书店
排　　版 南京展望文化发展有限公司
印刷装订 启东市人民印刷有限公司
版　　次 2019 年 8 月第 1 版
印　　次 2019 年 8 月第 1 次印刷
开　　本 720×1000　1/16
字　　数 210 千字
印　　张 17.75（插页2）

ISBN 978-7-5496-2904-6
定　　价 49.80 元